Collection «Notes de cours»

INTERNET

Internet (*Introduction au réseau*)
Internet (*Création de pages Web*)

Explorer 5.0 (*Les fonctions de base*)
Netscape Communicator 4.7 (*Les fonctions de base*)
Recherches efficaces dans Internet

ENVIRONNEMENT WINDOWS

Office 2000

Access 2000 (*Les fonctions de base*)
Access 2000 (*Les fonctions intermédiaires*)
Excel 2000 (*Les fonctions de base*)
Excel 2000 (*Les fonctions intermédiaires*)
Outlook 2000 (*Les fonctions de base*)
PowerPoint 2000 (*Les fonctions de base*)
Word 2000 (*Les fonctions de base*)
Word 2000 (*Les fonctions intermédiaires*)
Word 2000 (*Les fonctions avancées*)

Windows 98

Outlook 98 (*Les fonctions de base*)
Visio 5.0 (*Base et intermédiaire*)
Windows 98 (*Les fonctions de base*)

Office 97

Access 97 (*Les fonctions de base*)
Access 97 (*Les fonctions intermédiaires*)
Excel 97 (*Les fonctions de base*)
Excel 97 (*Les fonctions intermédiaires*)
Microsoft Office 97 (*L'environnement*)
Outlook 97 (*Les fonctions de base*)
PowerPoint 97 (*Les fonctions de base*)
Word 97 (*Les fonctions de base*)
Word 97 (*Les fonctions intermédiaires*)

Windows 95

Access 7.0 (*Les fonctions de base*)
Access 7.0 (*Les fonctions intermédiaires*)
CorelDRAW 7.0 (*Les fonctions de base*)
CorelDRAW 7.0 (*Les fonctions intermédiaires*)
Excel 7.0 (*Les fonctions de base*)
Excel 7.0 (*Les fonctions intermédiaires*)
Exchange 4.0 et Schedule+ (*Les fonctions de base*)
Lotus Organizer 2.1 (*Les fonctions de base*)
Lotus Notes 4.5.1 (*Les fonctions de base*)
Microsoft Office 95 – Introduction à la bureautique
Microsoft Office 95 – Les utilitaires
PageMaker 6.0 (*Les fonctions de base*)
PageMaker 6.0 (*Les fonctions intermédiaires*)
PowerPoint 7.0 (*Les fonctions de base*)
Windows 95 et NT 4.0 (*Les fonctions de base*)
Word 7.0 (*Les fonctions de base*)
Word 7.0 (*Les fonctions intermédiaires*)
Word 7.0 (*Les fonctions avancées*)
WordPerfect 7.0 (*Les fonctions de base*)
WordPerfect 7.0 (*Les fonctions intermédiaires*)
WordPro 96 (*Les fonctions de base*)

ENVIRONNEMENT MACINTOSH

Illustrator 6 (*Les fonctions de base*)
Illustrator 6 (*Les fonctions intermédiaires*)
Photoshop 3.0 (*Les fonctions de base*)
Photoshop 3.0 (*Les fonctions intermédiaires*)
Photoshop 5.0 (*Les fonctions de base*)

Système 8 (*Les fonctions de base*)
Word 5.1 (*Les fonctions de base*)
Word 5.1 (*Les fonctions intermédiaires*)
QuarkXPress 3.3 (*Les fonctions de base*)
QuarkXPress 3.3 (*Les fonctions intermédiaires*)

ENVIRONNEMENT WINDOWS ET MACINTOSH

Director 5.0 (*Les fonctions de base*)
Director 5.0 (*Programmation Lingo*)
FileMaker Pro 2 (*Les fonctions de base*)

PageMaker 6.0 (*Les fonctions de base*)
PageMaker 6.0 (*Les fonctions intermédiaires*)
Photoshop 4.0 (*Les fonctions de base*)
QuarkXpress 4 (*Les fonctions de base*)

✎ Des manuels sur les versions antérieures des logiciels sont également offerts.

EXCEL 2000

Les fonctions intermédiaires

Le Groupe «C» est un regroupement de collèges spécialisés en informatique et en bureautique qui dessert les principales régions du Québec. Il possède également un volet international.

Voici la liste de ses membres actuels:

Collèges au Québec

• Abitibi-Témiscamingue	• Chicoutimi	• Édouard-Montpetit (Longueuil)**	• Lévis-Lauzon (Québec)**
• Maisonneuve (Montréal)	• Montmorency (Laval)	• Outaouais (Hull)	• Rimouski
• Sept-Îles	• Trois-Rivières	• Sherbrooke	

** Collèges participant à la révision technique

Au niveau international

Afrique - Groupe PROACTIF		
• Collège Saint-Michel (Sénégal)	• CETI de-la-Salle (Cameroun)	• Groupe INSTEC (Côte d'Ivoire)

Excel 2000 (Les fonctions intermédiaires)

Auteurs: Jean-Maurice Bélisle, Pierre Lecavalier

Révision technique: Richard Fortin, Valérie Gervais

Révision linguistique: Liliane Michaud

Mise en pages: Lynda Duchesne, Josée Généreux

Pour des renseignements sur les services offerts, adressez-vous à:

GROUPE «C»
100, rue de Gentilly Est
Longueuil (Québec) J4H 4A9
Tél.: (514) 442-3337 • 1 800 391-3998 • Téléc.: (514) 442-1477
Internet: ***http://www.collegeem.qc.ca/groupec***

Pour obtenir des exemplaires supplémentaires des ouvrages du Groupe «C», au Canada (pour les autres pays, veuillez consulter la liste des distributeurs en page 6 de cet ouvrage):

Québec-Livres
2185, autoroute des Laurentides
Laval (Québec) H7S 1Z6
Tél.: (450) 687-1210, 1 800 251-1210 • Téléc.: (450) 687-1331

Jean-Maurice Bélisle
Pierre Lecavalier

EXCEL 2000

Les fonctions intermédiaires

**Les Éditions
LOGIQUES**

Les ouvrages de la collection «Notes de cours» ont été conçus pour être utilisés aussi bien en classe par un formateur que par toute personne qui veut apprendre, seule à la maison ou au bureau, comment utiliser un logiciel ou naviguer dans Internet.

Le contenu des ouvrages de la collection a été approuvé par des experts et testé par plus de 200 étudiants de différents milieux. La démarche pédagogique de même que les termes techniques utilisés ont eux aussi été validés.

À une mise en pages agréable s'ajoute une reliure mains libres permettant une utilisation efficace. De nombreux exemples d'écrans, des exercices gradués, des marches à suivre et un index guident pas à pas l'utilisateur dans son apprentissage.

Distribution au Canada:
Québec-Livres, 2185, autoroute des Laurentides, Laval (Québec) H7S 1Z6
Téléphone: (450) 687-1210, 1 800 251-1210 • Télécopieur: (450) 687-1331

Distribution en France:
Casteilla/Chiron, 10, rue Léon-Foucault, 78184 Saint-Quentin-en-Yvelynes
Téléphone: (33) 01 30 14 19 30 • Télécopieur: (33) 01 34 60 31 32

Distribution en Belgique:
Diffusion Vander, avenue des Volontaires, 321, B-1150 Bruxelles
Téléphone: (32-2) 762-9804 • Télécopieur: (32-2) 762-0662

Distribution en Suisse:
Diffusion Transat s.a., route des Jeunes, 4 ter, C.P. 1210, 1211 Genève 26
Téléphone: (022) 342-7740 • Télécopieur: (022) 343-4646

LOGIQUES est une maison d'édition reconnue par les organismes d'État responsables de la culture et des communications.

Nous remercions le Conseil des Arts du Canada, le ministère du Patrimoine canadien et la Société de développement des entreprises culturelles du Québec pour leur appui à notre programme de publication.

Nous reconnaissons l'aide financière du gouvernement du Canada par l'entremise du Programme d'Aide au Développement de l'Industrie de l'Édition (PADIÉ) pour nos activités d'édition.

Les marques de commerce des produits mentionnés dans cet ouvrage sont la propriété de leurs manufacturiers respectifs.

Les Éditions LOGIQUES
7, chemin Bates, Outremont (Québec) H2V 1A6
Téléphone: (514) 270-0208 • Télécopieur: (514) 270-3515

Excel 2000 – les fonctions intermédiaires
© Les Éditions LOGIQUES inc., 2000
Dépôt légal, 1er trimestre 2000
Bibliothèque nationale du Québec
Bibliothèque nationale du Canada

ISBN 2-89381-655-X
LX-765
IMPRIMÉ AU CANADA

TABLE DES MATIÈRES

Chapitre 1

RAPPEL SUR LES NOTIONS DE BASE

Objectif général

Réviser les notions vues dans le manuel *Excel 2000 – Les fonctions de base*, dans la même collection.

Objectifs spécifiques

Révision sommaire sur la façon:

✓ de créer un tableau;

✓ de saisir, de corriger et d'effacer des données;

✓ de construire des formules simples;

✓ de copier ou de déplacer des données;

✓ de faire la mise en forme des cellules;

✓ d'imprimer le tableau.

NOTIONS DE BASE

Ce chapitre présente un bref résumé de toutes les notions vues dans le manuel *Excel 2000 – Les fonctions de base*. Afin de revoir ces notions quelquefois lointaines, vous pouvez faire l'exercice proposé à la fin de ce chapitre.

Le classeur

Lorsqu'on démarre Excel, ou qu'on ouvre un document d'Excel, on voit d'abord un classeur qui est l'ensemble de toutes les feuilles qui composent un fichier. Puisqu'il y a plusieurs feuilles, le classeur forme en quelque sorte un cahier, qu'on peut remplir de tableaux. Cela est très utile pour créer des tableaux tridimensionnels, par exemple un bilan illustrant un mois par feuille.

Les feuilles

La feuille est l'ensemble des colonnes et des lignes où l'on peut placer des données. Dans Excel, on trouve généralement trois feuilles dans un classeur. Mais ce n'est pas la limite du logiciel car il est possible d'en ajouter d'autres, jusqu'à un maximum de 255. Lorsqu'on utilise plusieurs feuilles et qu'on veut exécuter une fonction sur toutes ces feuilles, on peut les grouper afin de ne pas avoir à répéter la fonction.

Les colonnes

Les colonnes séparent les feuilles verticalement. On compte 256 colonnes par feuille. Elles sont toutes désignées par une lettre, d'abord de A à Z, puis de AA à IV.

Les lignes

Les lignes (65 536 par feuille) séparent les feuilles horizontalement. On les désigne par des nombres allant de 1 à 65 536.

La cellule

C'est l'unité de base du chiffrier, l'intersection entre une colonne et une ligne. Chacune porte un «nom» différent: son adresse. Les cellules peuvent contenir autant de caractères qu'on le désire et ne sont pas limitées à la largeur de la colonne. On peut aussi leur appliquer un format qui permet d'enjoliver la présentation.

La saisie de données

On saisit les données dans une cellule en la sélectionnant d'abord, puis en tapant le contenu désiré. On fait de même pour modifier complètement le contenu. Si on désire en corriger une partie seulement, on sélectionne la cellule et on appuie sur **F2**. On peut utiliser les touches de direction pour placer le point d'insertion au bon endroit dans la cellule; les touches **Suppr** (**Del**) et **Recul** (**Backspace**) permettent d'effacer. Pour effacer toute la cellule, on la sélectionne et on appuie sur **Suppr**

(Del). On peut aussi utiliser la zone de saisie de données, située dans le haut de l'écran (sous les barres d'outils), pour corriger une cellule.

Les adresses

Elles servent à désigner les cellules. Une adresse est composée de l'identification de la colonne, suivie de celle de la ligne (exemple B3). On les utilise beaucoup dans les formules, les fonctions préprogrammées et les commandes. Elles peuvent apparaître aussi sous différents modes. On peut utiliser des adresses relatives (B3), absolues ($B$3) ou mixtes ($B3 ou B$3). Lorsqu'une adresse ou une partie de l'adresse est absolue, c'est qu'elle est «bloquée» et ne change pas au moment de la copie.

Les formules

Les formules servent à calculer un résultat qui apparaîtra dans la cellule. Elles débutent par le signe = et peuvent être composées de nombres, d'adresses, de noms de champs, de fonctions préprogrammées et d'opérateurs mathématiques. Les opérateurs sont (dans l'ordre de priorité) les parenthèses (), l'exposant (^); au même niveau, la division, la multiplication et le pourcentage (/ * %) suivis par l'addition et la soustraction (+ -). Autant que possible, on évite d'utiliser les valeurs numériques dans les formules, car il est plus efficace d'utiliser l'adresse de la cellule contenant cette valeur.

Les fonctions préprogrammées

Excel propose un grand nombre de fonctions qu'on divise en catégories (ex.: statistiques). Elles sont toujours composées d'un nom de fonction suivi d'arguments entre parenthèses. Les arguments varient d'une fonction à l'autre et peuvent être de différents types. On y trouve, par exemple, la fonction **MOYENNE** (*champ*), qui fait la moyenne des valeurs contenues dans les cellules décrites par l'argument *champ*.

Les champs

Aussi appelés zones ou plages, les champs sont un groupe de cellules qu'on sélectionne en même temps pour en changer l'apparence, le contenu ou la position. On choisit un champ en maintenant le bouton de la souris et en la glissant, ou en maintenant la touche *Maj (Shift)* du clavier enfoncée et en cliquant dans la dernière cellule voulue. Il y a toutefois d'autres techniques pour sélectionner, comme cliquer sur l'en-tête de la ligne ou de la colonne pour la sélectionner au complet; cliquer sur le sélecteur de feuille situé au-dessus du numéro de ligne 1 et à gauche de l'en-tête de colonne A. Lorsqu'on sélectionne plusieurs blocs de cellules distincts, il faut maintenir la touche *Ctrl* enfoncée.

On sélectionne un champ pour changer le format des cellules (menu **Format-Cellule**), pour déplacer, copier ou recopier le contenu des cellules (menu **Édition**). Cela peut aussi se faire avec la souris: pour déplacer, il suffit de glisser la sélection en pointant sur le contour de celle-ci; pour copier, il faut maintenir la touche *Ctrl* enfoncée en glissant la sélection de la même façon; pour recopier, on utilise la poignée de recopie (carré noir dans le coin inférieur droit de la sélection), et on glisse la souris dans un sens ou dans l'autre.

Les formats

Chaque cellule peut avoir un format bien défini. Le format comprend la police de caractères, les bordures, le motif dans le fond des cellules, l'apparence des nombres et l'alignement du texte. On peut ajouter à cela la largeur des colonnes, la hauteur des lignes et même les dessins faits à partir de la barre d'outils de dessins.

Les menus

Excel offre plusieurs fonctions que l'on peut activer par différents moyens. Les menus permettent un vaste choix d'options. Il s'agit normalement du moyen le plus lent, mais le plus complet. La barre d'outils est très efficace et rapide, car on y active une fonction par un simple clic. Par contre, elle n'offre pas toutes les possibilités, même si on peut l'adapter à nos besoins. Les menus contextuels, qu'on trouve chaque fois qu'on appuie sur le bouton droit de la souris, ont pour avantage de n'offrir que des options pertinentes selon la position du pointeur et la situation. Enfin, on peut accéder à certains menus par le clavier (*F5* ou *Ctrl-V,* par exemple). Ces raccourcis clavier permettent d'accéder plus rapidement aux fonctions, surtout si nos mains sont déjà sur le clavier. Il faut par contre les connaître par cœur, car on ne les voit pas à l'écran, sauf lorsqu'on appelle un menu par la souris (auquel cas il n'est plus efficace de revenir au clavier!).

L'aide

Excel offre toujours de l'aide à l'utilisateur; on peut l'obtenir de différentes façons: soit en cliquant sur l'icône qui présente un point d'interrogation et qui permet de s'instruire sur n'importe quel élément de l'écran; soit par le menu **?** qui offre un texte complet, par rubrique, conforme aux standards de Windows. Dans tous les cas, on peut aussi utiliser la touche *F1* pour activer l'aide d'Excel.

EXERCICE

1.1

Cet exercice permet de réviser les notions du cours de base.

Créez le tableau suivant, tel que présenté, en incluant les formats, les formules et les autres données, sachant que:

1. Dans les cellules contenant un point d'interrogation (?), il faut faire les calculs suivants:

   • Le prix de vente est de 40 % plus élevé que le prix coûtant.

   • La quantité à commander correspond à la quantité minimale, moins la quantité en stock, moins la quantité à recevoir (D-E-F).

   • Il faut calculer la somme des colonnes D, E et F à la ligne 15.

2. Imprimez le tableau au centre de la feuille.

Enregistrez-le sur disque, sous le nom **FOYERS**.

Rotation des stocks

Description du produit	Valeur au coûtant	Prix de vente	Quantité			
			Minimale	En stock	À recevoir	À commander
Foyer modèle AF-31	1 250,00 $	?	3	6	2	?
Foyer modèle AF-41	1 400,00 $	?	2	6	2	?
Foyer modèle AF-51	1 900,00 $	?	7	2	2	?
Foyer modèle AF-61	4 950,00 $	?	1	0	0	?
Poêle à combustion BF-3000	300,00 $	?	8	10	0	?
Poêle à combustion BF-3001	500,00 $	?	5	10	0	?
Poêle à combustion BF-3002	1 000,00 $	?	1	10	0	?
Accessoires pour foyer	35,00 $	?	10	15	5	?
Bois d'allumage (sac 10kg)	5,00 $	?	25	50	15	?
TOTAUX			?	?	?	

QUESTIONS DE RÉVISION

Indiquez ce que représente chacun des symboles suivants.

	ICÔNE	FONCTION
A		
B		
C		
D		
E		
F		
G		
H		
I		
J		
K		

Choix de réponses:

Nombre total de pages   Copier les cellules   Annuler une fonction

Couleur du texte   Couleur de l'arrière-plan   Ouvrir un classeur

Sommation automatique   N'existe pas   Numéro de page

Dossier parent   Coller

Réponses à l'annexe 2

hapitre 2

UTILISATION DES FONCTIONS D'EXCEL

Objectif général

Connaître le rôle et le fonctionnement de la plupart des fonctions pré-programmées qui sont fournies par Excel.

Objectifs spécifiques

Être en mesure:

✓ de reconnaître les types de fonctions;

✓ d'effectuer facilement des calculs mathématiques, statistiques ou financiers;

✓ d'appliquer des fonctions logiques ou spéciales;

✓ de manipuler les dates et les heures ou les chaînes de caractères au moyen des fonctions préprogrammées.

FONCTIONS PRÉPROGRAMMÉES D'EXCEL

Excel offre des fonctions préprogrammées qui permettent d'effectuer des tâches complexes en nous évitant d'avoir à construire des formules compliquées. Elles peuvent effectuer un calcul, comparer des valeurs, effectuer des recherches dans un tableau de données, extraire des portions de texte d'une cellule, compter le nombre de jours entre deux dates, etc.

Pour utiliser les fonctions préprogrammées, il suffit de taper le nom de la fonction, suivi de quelques paramètres. Ces fonctions sont tapées dans les cellules. Elles peuvent être seules ou intégrées à l'intérieur d'une formule plus élaborée. Il y a aussi un outil qui permet de composer une fonction. Celui-ci a l'avantage de nous guider à travers les étapes de création d'une telle formule. Cela est très utile, surtout lorsqu'on ne sait pas bien quelle fonction utiliser et de quelle façon le faire.

Types de fonctions

Étant donné le grand nombre de fonctions offertes par Excel, nous les divisons en 10 catégories. Chacune d'elles possède un thème particulier et renferme toutes les fonctions qui s'y rattachent:

TYPES DE FONCTIONS	DESCRIPTION	EXEMPLES
Statistiques	Calcul de statistiques à partir d'une liste de données	Moyenne, somme, écart
Mathématiques et trigonométriques	Calculs mathématiques complexes et trigonométriques	Racine carrée, sinus, aire d'une surface
Date et heure	Conversion et calcul de date et d'heure	Nombre de jours entre deux dates
Financières	Calculs de rendements d'investissement et d'amortissement	Taux, paiement d'hypothèque
Logiques	Répondent à certaines conditions dans l'évaluation du résultat	Donne x si vraie, sinon y
Information	Fournissent des informations sur les cellules ou le système d'exploitation	Type de contenu d'une cellule, mémoire vive disponible
Texte	Extraction, recherche et conversion de texte	Conversion en majuscules, recherche d'un mot
Recherche et matrices	Recherche de données et calcul de matrices	Recherche verticale, nombre de lignes ou de colonnes
Statistiques pour les bases de données	Calcul de statistiques sur une base de données	Valeur la plus grande selon un critère
Personnalisées	Une seule fonction dans ce groupe pour le moment	EUROCONVERT: Fonction qui permet de convertir différentes monnaies en EURO

2000

Comme certaines de ces fonctions sont de niveau très avancé, nous allons plutôt nous attarder sur celles qui peuvent vous intéresser le plus. Néanmoins, vous trouverez, en annexe, la description de la plupart d'entre elles. L'éventail des fonctions couvertes devrait donc satisfaire la plupart des utilisateurs.

Pour être convenablement utilisées, la majorité des fonctions requièrent des connaissances particulières. En effet, qui, à moins de travailler dans le domaine des finances, a besoin de connaître toutes les fonctions financières? En conséquence, nous étudierons les fonctions générales de chaque catégorie et nous laisserons aux spécialistes le soin d'expérimenter par eux-mêmes les autres fonctions, à l'aide de l'annexe de ce manuel. Leur cheminement sera assez facile, compte tenu de leur bagage de connaissances.

Syntaxe des fonctions

Les fonctions possèdent une syntaxe particulière qu'il est impératif de respecter. D'une façon générale, elle se présente de la façon suivante:

$$\text{FONCTION(argument 1;argument 2;...;argument } n)$$

Où:

FONCTION

est le nom de la fonction et indique à Excel quelle est l'opération à effectuer. Si le nom de la fonction est le premier élément de la cellule, il faut le faire précéder du symbole = (comme pour les formules d'Excel).

argument 1;argument 2;...;argument n   *référence*

sont les opérandes de la fonction, c'est-à-dire les valeurs (au sens large) que la fonction va utiliser. Les arguments (ou opérandes) varient selon les fonctions. Dans certains cas, il faut donner une liste de cellules, dans d'autres cas, c'est une valeur, une adresse ou du texte. Certaines formules n'ont pas d'arguments, d'autres en ont une quantité variable, selon les contextes. Enfin, lorsqu'il y a plusieurs arguments, on doit les séparer par le point-virgule (;) (selon la configuration de Windows, il est possible que ce soit par une virgule). Tout cela rend les fonctions à la fois variées et maniables, mais dans certains cas, complexes. C'est aussi ce que nous allons démythifier dans les prochaines pages.

Type d'argument

Pour faciliter la lecture du manuel, nous allons établir une convention. Il y a six types d'arguments: une valeur, du texte, un champ, une condition, une valeur d'erreur et une matrice. Lorsque vous verrez ces indications entre les parenthèses d'une fonction, il vous faudra inscrire le type d'argument décrit. Si vous entrez un autre type d'argument (un nombre à la place du texte, par exemple), la formule ne fonctionnera probablement pas. De plus, si les arguments sont inscrits de la façon suivante: ***argument1;argument2;...;argumentn***, cela vous indique que vous pouvez en inscrire autant que vous le voulez (30 au maximum). Voici la description des types d'arguments:

Valeur

C'est l'argument de toutes les fonctions mathématiques. Ce peut être n'importe quelle expression qu'Excel peut évaluer. Ainsi, on peut inscrire un nombre, un calcul, l'adresse d'une cellule contenant une valeur numérique, ou une autre fonction dont le résultat est une valeur.

Texte

C'est l'argument utilisé surtout par les fonctions de chaînes de caractères. On peut taper n'importe quoi, pour autant que ce soit entre guillemets (" "). On peut aussi donner l'adresse d'une cellule contenant du texte, ou une autre fonction de manipulation de chaînes de caractères qui retourne du texte.

Champ

Il s'agit de l'argument utilisé lorsqu'on doit inscrire une liste de cellules, comme dans la plupart des fonctions statistiques. On donne alors l'adresse de la première cellule, suivie du symbole «:» et celle de la dernière cellule du champ (par exemple, A1:D20). On peut aussi inscrire le nom d'un champ ou d'une fonction qui génère un nom ou une adresse de champ.

Condition

C'est l'argument des fonctions logiques. Il s'agit d'un test quelconque qui donnera un résultat logique et qui enclenchera une action différente selon qu'il soit vrai ou faux.

Valeur d'erreur

Ce sont les résultats d'erreurs. Par exemple, Excel renvoie la valeur **#DIV/0!** lors d'une division par 0.

Matrice

Ce type d'argument est utilisé en calcul matriciel. Une matrice ressemble beaucoup à un champ dans un tableau. La seule différence est qu'on n'effectue pas les calculs de la même façon dans les matrices. Lorsqu'on demande une matrice, il faut décrire les lignes et les colonnes qui la composent. Par exemple, les trois premières cellules de deux lignes consécutives: {1.2.3;4.5.6}. Comme les matrices sont très peu utilisées, nous n'allons pas nous attarder sur ce type de fonction ou d'argument.

Saisie des fonctions

On peut utiliser deux techniques différentes pour entrer une fonction. La première consiste tout simplement à la taper dans la cellule à partir du clavier. La deuxième est de recourir aux services d'un assistant dont le rôle est de nous guider à travers toutes les étapes nécessaires.

MARCHE À SUIVRE

1. Placer le pointeur dans la cellule où doit apparaître le résultat.

2. Taper le nom de la fonction (sans oublier **=**, si elle est au début de la formule).

3. Ouvrir la parenthèse.

4. Avec la souris ou le clavier, inscrire les arguments.

5. Fermer la parenthèse.

6. Appuyer sur Entrée.

MARCHE À SUIVRE

1. Placer le pointeur dans la cellule où doit apparaître le résultat.

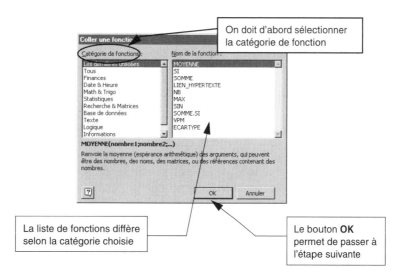

2. Du menu **Insertion,** choisir **Fonction** ou cliquer sur le bouton de la barre d'outils illustré ci-contre. La boîte de dialogue qui suit apparaît ensuite.

On doit d'abord sélectionner la catégorie de fonction

La liste de fonctions diffère selon la catégorie choisie

Le bouton **OK** permet de passer à l'étape suivante

3. Sélectionner la **Catégorie de la fonction** dans la partie gauche de la boîte.

4. Sélectionner la fonction à utiliser dans la partie droite: **Nom de la fonction**.

5. Cliquer sur le bouton **OK**, situé au bas de la fenêtre afin de passer à l'étape suivante.

6. La **palette de formule** apparaît à la marche à suivre numéro 2. Inscrire les arguments de la fonction dans les cases prévues à cet effet et utiliser, au besoin, le bouton **développer/réduire** illustré en marge pour sélectionner les cellules sur la feuille avec la souris.

7. Vérifier si la réponse de la zone **Résultat** semble correcte.

8. Cliquer sur le bouton **OK** qui figure au bas de la fenêtre pour terminer.

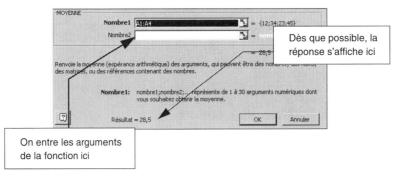

Dès que possible, la réponse s'affiche ici

On entre les arguments de la fonction ici

Cette technique nous permet donc de fouiller à travers la liste des fonctions pour trouver celle qui nous convient. À l'étape 1, on doit d'abord sélectionner la catégorie de fonctions. Dans cette liste, **Tous** donne accès à toutes les fonctions, sans tenir compte des catégories. De plus, l'option **Les dernières utilisées** permet de voir les 10 dernières fonctions utilisées seulement (toutes catégories confondues). Ainsi, après quelque temps, les fonctions les plus souvent utilisées se retrouvent dans cette catégorie.

Après avoir choisi la catégorie, on sélectionne la fonction. On remarque que, pour chaque fonction que l'on pointe, Excel affiche les arguments ainsi qu'une brève description de la fonction au bas de la fenêtre. Cela peut vous aider à choisir judicieusement votre fonction.

À l'étape 2, le contenu de la fenêtre varie selon la fonction choisie. Des cases sont prévues pour taper les arguments de la fonction, et la section **Résultat** permet de voir si le résultat est correct. Il arrive que l'argument à inscrire soit une autre fonction d'Excel. Dans ce cas, on peut cliquer sur le bouton de fonction qui apparaît en marge afin de relancer l'assistant fonction. De plus, si votre fonction permet d'utiliser une quantité variable d'arguments, vous pouvez obtenir des cases supplémentaires en appuyant sur la touche *Tab* du clavier.

FONCTIONS STATISTIQUES

Les fonctions statistiques sont normalement connues de tous les utilisateurs d'Excel. Ce sont les premières apprises, et probablement les plus employées. Bien qu'elle fasse partie des fonctions mathématiques, la fonction **SOMME** fait aussi partie de cet exemple, car elle est probablement la plus utilisée des fonctions de base: elle est d'ailleurs la seule à avoir son propre bouton dans la barre d'outils. Pour bien comprendre le fonctionnement de chacune, nous allons utiliser un petit tableau qui nous sera utile pour les exemples. Si vous désirez réviser ces fonctions à l'ordinateur, prenez quelques instants pour créer le tableau suivant.

FONCTION	DESCRIPTION
MIN(*champ*)	Donne la valeur la plus petite du *champ*.
MAX(*champ*)	Donne la valeur la plus grande du *champ*.
MOYENNE(*champ*)	Donne la moyenne du *champ*.
MEDIANE(*champ*)	Quand toutes les valeurs de champs sont triées, donne la valeur du centre.
SOMME(*champ*)	Donne la somme des cellules précisées.
NBVAL(*champ*)	Donne le nombre de cellules utilisées par une donnée (numérique ou non) dans le *champ*.
NB(*champ*)	Donne le nombre de cellules utilisées par une valeur numérique dans le *champ*.

Le tableau de la figure précédente permet de vérifier quelques exemples. Toutes les fonctions ont comme argument le champ **E3:E12**, sauf les fonctions **SOMME** et **MAX** qui sont **=MAX(D3:D12)** et **=SOMME(F3:F12)**. Une dernière remarque: pour que les dates soient correctement interprétées par Excel, il faut les inscrire dans le format défini dans le panneau de configuration de Windows.

FONCTIONS MATHÉMATIQUES

Les opérateurs mathématiques +, -, *, / et ^ ne répondent pas à toutes les situations où les calculs sont nécessaires. Dans la plupart des autres cas, les fonctions mathématiques peuvent cependant aider à résoudre le problème. Voici deux exemples intéressants.

Arrondir sans erreur

Comparez les deux tableaux de la figure suivante. Ils contiennent les mêmes chiffres, mais pas le même résultat.

	A	B	C	D	E	F	G
1							
2		Voici des nombres obtenus suite à un calcul	Voici les mêmes nombres, dans le format monétaire		Voici des nombres obtenus suite à un calcul	Voici les mêmes nombres, dans le format monétaire	
7		0,146	0,15 $		0,146	0,15 $	
8		0,266	0,27 $		0,266	0,27 $	
9							
10		0,412	0,41 $		0,412	0,42 $	
13		Dans ce tableau, aucune formule n'a été utilisée. Le résultat de la somme en format monétaire est faux.			Dans ce tableau, la fonction **ARRONDI()** a été utilisée. Le résultat de la somme en format monétaire est correct.		

La différence réside dans la façon d'arrondir les nombres. Lorsqu'on change le format d'un nombre pour le style monétaire ou milliers, celui-ci fixe le nombre de décimales (normalement à 2). Or, Excel ne perd pas les autres décimales, il ne fait que les cacher. Elles servent donc dans les calculs. Dans le premier tableau, même si on ne voit que deux décimales dans la colonne C, Excel fait le calcul en incluant les trois décimales. Il arrondit ensuite la réponse à deux décimales (0,412 devient 0,41 $).

Mais, dans le deuxième tableau, les chiffres de la colonne F n'ont pas simplement été arrondis par Excel. On a utilisé la fonction **ARRONDI()** qui force Excel à oublier les autres décimales dans ses calculs. La réponse correspond donc à ce qu'on voit et n'inclut pas de décimale invisible.

Certaines mises en forme de nombres telles le format monétaire ou le format des milliers arrondissent automatiquement les nombres à deux décimales. La fonction ARRONDI() montrée dans cette section vous permet de contrôler le nombre de décimales affichées.

Enlever les décimales, sans arrondir

Qui ne tente pas sa chance, de temps en temps, en jouant des numéros de loterie? Prenons l'exemple de la loterie 6/49. Chaque semaine, il faut choisir six chiffres en espérant qu'ils deviennent gagnants. Mais après avoir épuisé les dates d'anniversaire, les âges et les autres chiffres chanceux, le choix devient de moins en moins évident, surtout si vous souhaitez changer vos combinaisons chaque semaine.

Excel peut alors vous venir en aide. Grâce au tableau suivant, vous pouvez lui demander de choisir ces chiffres pour vous. Dans le tableau, la formule **ENT(ALEA()*49)** est utilisée pour chaque chiffre.

	Numéros de lotto 6/49			
	Semaine 1	Semaine 2	Semaine 3	Semaine 4
1	20	26	3	9
2	26	46	14	4
3	7	19	46	20
4	24	19	37	48
5	20	39	45	22
6	10	14	44	41

La fonction **ALEA()** permet de trouver un nombre au hasard entre 0 et 1, mais avec plusieurs décimales (par exemple 0,1376373983). Si l'on cherche un chiffre au hasard entre 0 et 49, il suffit de multiplier la fonction par 49. Puis, afin de ne pas avoir de décimales dans les réponses, on utilise la fonction **ENT(*n*)** qui donne la valeur entière (sans décimales) d'une fonction.

Il est intéressant de constater que la fonction **ALEA()** donne un nombre différent chaque fois qu'Excel refait le calcul de la feuille. Autrement dit, il suffit d'inscrire une valeur dans une cellule pour qu'Excel calcule tout et donne de nouveaux chiffres. Pour le forcer à changer de chiffres, il suffit de lui demander de calculer en appuyant sur la touche *F9*.

Vous venez de voir deux exemples, mais il y en a d'autres. On trouve, dans la catégorie mathématique, une fonction pour calculer la racine carrée, une autre pour les valeurs absolues, ainsi de suite. Le tableau qui suit résume ces fonctions, mais vous trouverez une liste plus détaillée en annexe.

Toutes les fonctions mathématiques ont leurs limites. Si Excel ne peut résoudre la fonction, il donne un message d'erreur dans la cellule. Ainsi, le message **#NOMBRE!** indique que le nombre passé comme argument n'est pas valide. Si vous obtenez le message **#NOM?**, vérifiez le nom que vous avez donné à la fonction, car Excel est incapable de le reconnaître. Soit que vous ayez inséré un espace ou un autre symbole invalide dans la fonction, soit qu'il y ait une erreur dans le nom. Un autre message d'erreur, **#DIV/0!**, indique que la fonction tente de diviser un nombre par zéro, ce qui est impossible pour les nombres réels. Il faut alors vérifier et changer les arguments de la fonction.

Les fonctions du tableau suivant n'ont pas toutes le même type d'argument. La plupart de celles-ci demandent un nombre entre parenthèses. Mais la fonction **ALEA()** n'en nécessite aucun (il faut malgré tout mettre les parenthèses). D'autre part, la fonction **ARRONDI()** requiert un deuxième argument, outre le nombre, et c'est le nombre de décimales. Dans ce cas, il faut inscrire deux nombres séparés par un point-virgule.

FONCTION	DESCRIPTION
ABS(nombre)	Donne la valeur absolue, c'est-à-dire positive du *nombre*.
ARRONDI(nombre;n)	Arrondit le *nombre* donné à *n* décimales.
ENT(nombre)	Donne la valeur entière, c'est-à-dire sans décimale, du *nombre*. Le résultat n'est pas arrondi.
RACINE(nombre)	Donne la racine carrée du *nombre*.
ALEA()	Donne un chiffre au hasard, entre 0 et 1 avec plusieurs décimales. Aucun argument n'est requis. On peut multiplier le résultat pour obtenir un chiffre supérieur à 1. Vous remarquerez que cette fonction change de résultat chaque fois qu'on ajoute une nouvelle donnée ou qu'on appuie sur *F9*.

FONCTIONS DE DATE ET D'HEURE

D'abord et avant tout, il faut se rappeler la façon dont Excel traite les valeurs de date et d'heure. Le logiciel peut aller dans le temps jusqu'au 31 décembre de l'année 9999 et il peut reculer jusqu'au 1er janvier 1900. Cette dernière date correspond au chiffre 1 et chaque jour qui la suit porte un numéro séquentiel. Ainsi:

le 1er janvier 1900 correspond au chiffre 1;

le 2 janvier 1900 correspond au chiffre 2;

le 1er février 1900 correspond au chiffre 32 (il y a 31 jours en janvier);

le 1er janvier de l'année suivante (1901) donne 367 (l'an 1900 avait 366 jours);

et ainsi de suite jusqu'à nos jours, où le 1er janvier 2000 est le 36526e jour.

Quant aux heures, elles sont, en fait, des fractions de journée. Elles correspondent aux décimales d'un nombre qui, lui, représente un jour. Voyons quelques exemples:

le chiffre 0,5 correspond à midi, car la moitié de la journée est alors passée;

le chiffre 1,5 correspond donc au 1er janvier 1900, à midi;

le chiffre 36526,25 correspond au 1er janvier 2000 à 6 heures du matin;

le chiffre 36558,5683 représente le 2 février 2000 à 13 h 21 minutes et 50 secondes.

Bien que ces notions soient intéressantes, elles ne sont pas importantes dans l'utilisation d'Excel, car il suffit de taper une date dans le format de Windows pour qu'Excel la reconnaisse. Pour vérifier le format de Windows, il faut suivre la démarche suivante:

Pour retrouver le format de date de Windows

 MARCHE À SUIVRE

1. Cliquer sur le bouton **Démarrer**.
2. Choisir **Paramètres** dans le menu de Windows.
3. Choisir ensuite **Panneau de configuration** et une fenêtre apparaît à l'écran.
4. Ouvrir l'icône **Paramètres régionaux**.
5. Choisir l'onglet **Date** pour régler le format de date.
6. Choisir l'onglet **Heure** pour régler le format d'heure.
7. Cliquer sur le bouton **OK** pour quitter cette fenêtre.
8. Fermer la fenêtre du **Panneau de configuration**.

Lorsqu'une date est inscrite dans un tel format, Excel peut la reconnaître et la convertit automatiquement en nombre de date tel que défini précédemment, puis il applique un format de nombre de date. Or, pour vérifier le nombre de date, il suffit de remettre la date dans un format standard.

Par exemple, si on tape la date 25/12/97 dans une cellule, Excel la reconnaît. Puis, si on change le format de cette cellule par le menu **Format - Cellules,** et qu'on applique le format numérique **Standard** (onglet **Nombre**), on voit le chiffre 35789, qui correspond à cette date. Pour remettre la date comme avant, il faut faire la démarche inverse, c'est-à-dire appliquer un format numérique de catégorie **Date**.

Les dates et les heures peuvent aussi être converties par les fonctions **Date** et **Heure** d'Excel. Il faut alors utiliser les bons paramètres, ce qui rend l'opération un peu plus longue (voir plus loin la liste de fonctions).

Mais une fois les dates correctement inscrites, quelle que soit la méthode utilisée, on peut les traiter de façon chronologique, pour un tri ou un calcul. On peut facilement calculer, par exemple, le nombre de jours écoulés entre deux dates.

Il y a donc deux étapes dans la manipulation des dates. Il faut d'abord inscrire la bonne date (dans le bon format), puis, au besoin, faire appel à l'option **Nombre** du menu **Format - Cellules** afin d'appliquer un format de date différent. Par la suite, on peut utiliser la date dans des formules.

Le tableau qui suit montre les fonctions de date et d'heure. Il s'agit d'un état de compte de la compagnie Boisjolis inc. Les dates qui figurent dans la colonne A de ce tableau ont été inscrites dans le format défini dans Windows. Pour calculer le retard en jours, on a soustrait la date inscrite dans la colonne A de la date actuelle qui figure dans G2. Pour afficher cette dernière, il faut utiliser la fonction **AUJOURD-HUI()**. On trouve alors plusieurs données par des calculs de dates.

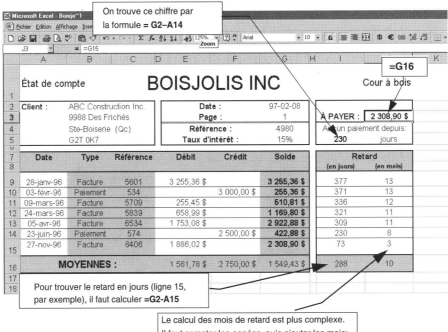

Les fonctions qui suivent sont les plus importantes de cette catégorie. Toutes les fonctions affichent un élément de la date ou de l'heure donnée en argument, sauf **AUJOURDHUI()** et **MAINTENANT()** qui ne nécessitent aucun argument.

FONCTION	DESCRIPTION
AUJOURDHUI()	Donne le numéro séquentiel de la journée actuelle, sans décimale. Cette fonction ne peut donc pas donner l'heure actuelle (voir la fonction **MAINTENANT()**). Aucun argument n'est requis car Excel prend la date de l'horloge de l'ordinateur. Le résultat de cette fonction est automatiquement converti en format de date.
MAINTENANT()	Cette fonction donne le même résultat que la précédente, à savoir le numéro séquentiel de la journée actuelle. La différence est que celle-ci ajoute au résultat les décimales qui correspondent à l'heure actuelle. Encore une fois, Excel applique automatiquement le format de date et d'heure au résultat.
ANNEE(date)	Renvoie l'année qui correspond à cette date. Par exemple, =ANNEE(G2) donne 1996 dans la figure précédente car la date de cette cellule est en 1997.
MOIS(date)	Donne le mois qui correspond à cette date. Par exemple, =MOIS(G2) retourne 2 dans la figure précédente car la date à G2 est le 8 février 97.
JOUR(date)	Prend la date donnée et retourne le jour seulement. Par exemple, =JOUR(G2) donne 8 dans la figure précédente.
JOURSEM(date)	Donne un chiffre de 1 à 7, selon le jour de la semaine correspondant à la date donnée. Le chiffre 1 correspond à dimanche, 2 à lundi, et ainsi de suite jusqu'à 7 pour samedi.
HEURE(heure)	Prend l'heure donnée et affiche comme résultat l'heure, sans les minutes ni les secondes. Par exemple, 0,35 donne normalement 8:24, mais la fonction =HEURE(0,35) donne 8 heures.
MINUTE(heure)	Donne les minutes correspondant à l'heure donnée. Par exemple, =MINUTE(0,35) donne 24 minutes, alors que 0,35 correspond à 8:24.
SECONDE(heure)	Identique à la fonction **MINUTE()**, mais retourne les secondes.

EXERCICE

2.1

Cet exercice permet de se familiariser avec l'utilisation des fonctions de date.

Reproduisez le tableau suivant dans lequel on tape les noms de participants à un colloque.

Les deux premières colonnes contiennent les nom et prénom des participants. Les dates de naissance sont inscrites dans la colonne qui suit. Puis on enregistre l'heure de la naissance. Dans les quatre dernières colonnes, on effectue un calcul qui permet de trouver l'âge des personnes, le jour de semaine de leur naissance, le nombre de jours et d'heures qu'elles ont vécu.

Les réponses de cet exercice sont données à l'annexe 2.

Liste des participants

Nom	Prénom	DDN	Heure de naissance	Âge	Jour de naissance	Jours vécus	Heures vécues
Bédard	Luc	33-06-12	23:03				
Caron	Daniel	58-12-09	08:38				
Brosseau	David	95-06-23	10:00				
Champoux	Ernest	10-04-10	07:14				
Duchesne	Michel	66-06-23	00:16				
Lavallé	Yvon	45-08-23	18:12				
Lecavalier	Kevin	30-04-26	13:44				
Sirois	Gaston	72-04-09	07:11				
Zenga	Henri	60-11-24	10:14				

FONCTIONS LOGIQUES

Ces fonctions servent à déterminer si un élément répond à une condition ou à une autre. En termes simples, si une condition est vraie ou fausse, Excel associe le chiffre 0 à une condition fausse et le chiffre 1 à une vraie. À partir de là, toute analyse logique ne devient que simple calcul mathématique. La plus importante de ces fonctions est sans contredit le **SI()**, qui permet de vérifier une ou plusieurs conditions et renvoie des réponses différentes, selon que les conditions sont vraies ou non. Celles-ci sont composées d'opérateurs logiques ou relationnels.

Les opérateurs logiques

Excel reconnaît trois opérateurs logiques: **ET**, **OU** et **NON**. Voici ce qu'on appelle des tables de vérité:

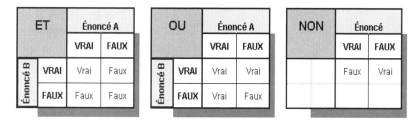

Ces tables donnent le résultat analytique d'une condition avec une fonction logique. On y trouve deux énoncés (A et B); peu importent les énoncés, en autant qu'on puisse les désigner comme vrais ou faux. Prenons un exemple simple:

Énoncé A: «*Pierre prend l'autobus*»

Énoncé B: «*Pierre va à l'école*»

Ces deux phrases peuvent être vraies ou fausses. Supposons que la vérité soit que Pierre prend l'autobus pour aller à la maison, et non à l'école. Les faits sont alors les suivants:

* Pierre prend l'autobus est vrai;

* Pierre va à l'école est faux;

* Pierre prend l'autobus et va à l'école est faux (vrai **ET** faux = faux);

* Pierre prend l'autobus ou va à l'école est vrai (vrai **OU** faux = vrai);

* Pierre prend l'autobus et ne va pas à l'école est vrai (vrai **ET** non faux = vrai);

* Pierre prend l'autobus ou ne va pas à l'école est vrai (vrai **OU** non faux = vrai);

* ainsi de suite...

Ces tables de vérité sont donc importantes car les fonctions logiques y font constamment référence.

Les opérateurs relationnels

Plusieurs opérateurs sont à notre disposition lorsqu'on détermine une condition. Les fonctions **ET**, **OU**, **NON**, **FAUX** et **VRAI** peuvent être utilisées, mais les opérateurs relationnels =, <, >, <=, >= et <> peuvent aussi s'avérer très utiles. Rappelons le rôle de ces opérateurs. Excel évaluera chaque relation de façon logique, en lui donnant une valeur VRAIE ou FAUSSE:

OPÉRATEUR	RÔLE	EXEMPLE
=	Décrit une relation d'égalité.	A3=B3 est vrai si les cellules A3 et B3 sont égales.
<	Décrit une relation d'infériorité.	A3<50 est vrai si la valeur de A3 est inférieure à 50.
>	Décrit une relation de supériorité.	A3>100 est vrai si A3 est supérieur à 100.
<=	Décrit la relation «inférieur ou égal».	A3<=5 est vrai si A3 est inférieur ou égal à 5.
>=	Décrit la relation «supérieur ou égal».	A3>=5 est vrai si A3 est supérieur ou égal à 5.
<>	Décrit une relation d'inégalité.	A3<>B3 est vrai si A3 n'est pas égal à B3.

Les conditions

Une condition consiste donc en une affirmation que l'ordinateur peut évaluer. Les conditions les plus simples ne possèdent qu'une opération, par exemple A3=A5, qui vérifie l'égalité entre deux cellules. Une condition ne peut donner qu'une réponse entre deux, soit: VRAI ou FAUX. Dans ce cas, si l'égalité est vraie, la réponse le sera aussi, et vice versa.

Les conditions ne sont toutefois pas toujours aussi simples. Si l'on compare A3 à A5, et qu'en même temps on veuille les comparer à A7, il faut une double condition. Dès que la condition renferme plus d'une comparaison, il faut utiliser les fonctions **ET** et **OU**. Ainsi, notre exemple devient A3=A5 et A3=A7. Excel vérifie alors si A3=A5, puis si A3=A7. Enfin, il vérifie si les deux conditions sont vraies, et le résultat final donne VRAI ou FAUX selon le cas. On peut même aller plus loin et vérifier si A3=A5 et A3=A7 ou si A3=A4 et A3=A6. Il n'y a presque pas de limites au nombre de comparaisons inscrites dans une condition. Cela nous permet d'effectuer des vérifications très précises et exactes. Le seul problème est de traduire tout cela en langage compréhensible pour Excel. Les règles à suivre ne sont pas toujours évidentes. Voyons comment les deux exemples précédents se traduisent:

ET(A3=A5;A3=A7)

Dans cet exemple, on donne l'opérateur ET en premier puis, entre parenthèses, on inscrit comme arguments les deux conditions que l'opérateur doit évaluer.

OU(ET(A3=A5;A3=A7);ET(A3=A4;A3=A6))

Dans cet exemple, on vérifie quatre conditions. D'une part, si A3 est égal à A5 et à A7, ce qui donne, comme le premier exemple: ET(A3=A5;A3=A7). Ensuite, on vérifie si A3 est égal à A4 et à A6, c'est-à-dire ET(A3=A4;A3=A6). D'autre part, on veut savoir si l'un ou l'autre de ces opérateurs ET donne VRAI. C'est l'opérateur OU qui permet cela, et la fonction devient OU(premier ET;deuxième ET).

On peut donc obtenir un résultat différent selon l'analyse logique d'une condition dans n'importe quelle cellule du tableau. Supposons, par exemple, un tableau qui montre les stocks d'une entreprise de distribution. Ce tableau a été construit à l'exercice 1.1, mais on a caché les colonnes B et C pour plus de clarté.

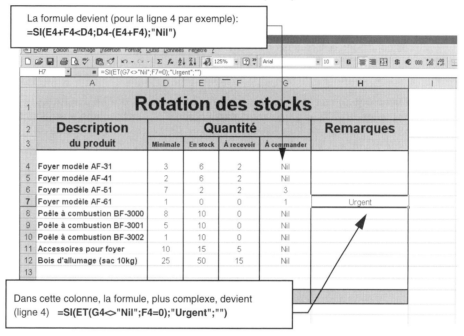

La formule devient (pour la ligne 4 par exemple):
=SI(E4+F4<D4;D4-(E4+F4);"Nil")

Dans cette colonne, la formule, plus complexe, devient
(ligne 4) **=SI(ET(G4<>"Nil";F4=0);"Urgent";"")**

On désire que le tableau fasse ressortir les produits pour lesquels la quantité en stock est inférieure à un certain nombre (colonne D). De plus, on veut que soit calculée la quantité à commander pour rétablir la situation et avoir en stock la quantité minimale (incluant la quantité en stock et celle qui a déjà été commandée et qui est à recevoir). Enfin, si aucune unité n'est commandée, mais que le stock est trop bas, il faut inscrire la mention **Urgent** dans la dernière colonne.

Les formules utilisées sont indiquées autour de la figure. Pour calculer la quantité à commander, il faut d'abord comparer la quantité en stock et celle qui est commandée à la quantité minimale (E4+F4<D4). Si cette condition est vraie, il faut commander immédiatement pour éviter la rupture de stock. On calcule alors la quantité minimale, moins ce qu'on possède en stock ou en commande (D4-(E4+F4)). Sinon, on inscrit **Nil** dans la cellule (il faut alors l'inscrire entre guillemets).

Dans la dernière colonne, il faut vérifier le contenu de la colonne G afin de savoir si elle affiche **Nil** ou une quantité. Si elle affiche **Nil**, on vérifie alors si une quantité est commandée, car il y a risque de rupture de stock. Si aucune quantité n'a été commandée, on doit inscrire **Urgent**, sinon on n'inscrit rien (on tape deux guillemets, sans texte). Il faut donc vérifier deux conditions séparées par l'opérateur ET. La condition devient ET(G4<>"Nil";F4=0), où G4<>"Nil" est la première condition et F4=0, la deuxième.

Voici le détail syntaxique de chaque fonction logique:

ET(condition1;condition2;...;condition X)

Indique VRAI seulement si toutes les conditions le sont. On peut inscrire jusqu'à 30 conditions différentes.

VRAI()

Aucun argument n'est requis pour cette fonction car elle affiche toujours VRAI. Elle est rarement utilisée seule, mais plutôt comme argument d'une autre fonction, si, par exemple, la cellule W5 affiche VRAI ou FAUX, selon une condition. La formule =SI(W5=VRAI();"C'est vrai";"C'est faux") permet de vérifier si la cellule W5 affiche VRAI.

NON(condition)

Donne l'inverse de la condition (voir les tables de vérité précédentes). Si la condition est vraie, la fonction donne FAUX, alors qu'à l'inverse, elle donne VRAI.

OU(condition1;condition2;...;conditionX)

Affiche VRAI dès qu'une des conditions est vraie. On peut inscrire jusqu'à 30 conditions différentes. Cette fonction n'indique FAUX que lorsque tous les arguments sont faux.

FAUX()

Fonctionne comme la fonction **VRAI**, mais donne toujours pour résultat FAUX.

SI(condition;valeur1;valeur2)

Vérifie la *condition* et inscrit la *valeur1* si elle est vraie ou la *valeur2* si elle est fausse. La condition peut contenir des opérateurs relationnels et des fonctions logiques. Les valeurs peuvent être du texte, un nombre, une formule, ou toute autre donnée qu'on tape dans une cellule. Si la valeur est du texte, il faut l'inscrire entre guillemets dans la fonction (voir l'exemple précédent). Enfin, la valeur s'affiche dans le format de la cellule. Voici quelques exemples:

SI(A23>50;Vrai();Faux())

Affiche VRAI si le contenu de la cellule A23 est plus grand que 50.

SI(ET(B10<C10;B10>D10);"Gros Lot!";"Perdu!")

Affiche «Gros Lot!» si le contenu de B10 est plus grand que le contenu de D10, mais plus petit que celui de C10. Sinon, affiche «Perdu!».

SI(ET(C8<25;D8=0);"Très Urgent";SI(C8+D8<50;"Assez Urgent";"Urgent"))

Affiche les mots «Urgent», «Assez Urgent» ou «Très Urgent» selon les quantités inscrites aux cellules C8 et D8.

IMBRIQUER DES FONCTIONS AVEC L'ASSISTANT

On peut utiliser la palette de formules pour imbriquer des fonctions en tant qu'arguments.

MARCHE À SUIVRE

1. Cliquer dans la zone d'édition **Nombre** pour imbriquer la fonction **SOMME** dans la fonction **ARRONDI**, .

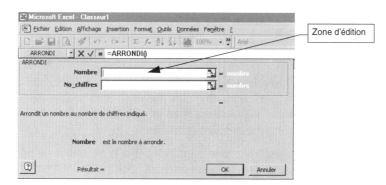

2. Cliquer ensuite sur la flèche dans la zone **Fonctions** de la barre de formule.

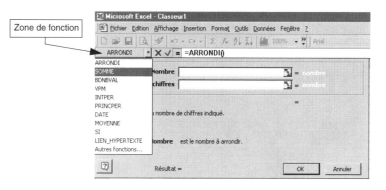

3. Choisir la fonction **SOMME**. La palette de formules se modifie pour permettre l'ajout des paramètres appropriés.

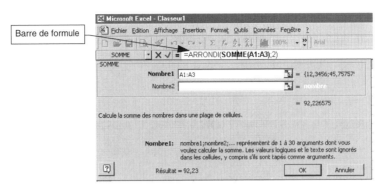

Pour passer d'une fonction à une autre dans la palette de formules, cliquer sur le nom de la fonction dans la barre de formule. Pour modifier la plage de la fonction **SOMME**, cliquer sur **SOMME** dans la barre de formule.

2.2  EXERCICE

Cet exercice permet de mettre en pratique l'utilisation des fonctions logiques.

1. À partir de l'exercice précédent (2.1), modifiez le tableau afin qu'il ressemble à celui illustré ci-dessous. Dans ce tableau, on a ajouté deux colonnes dans lesquelles on vérifie le moment de la naissance d'une personne et le nombre d'années qu'il lui reste avant la retraite.

2. Dans la colonne **Né le jour**, il faut vérifier si la personne est née entre 6 heures et 18 heures. Si c'est le cas, on inscrit "OUI", sinon "NON". N'oubliez pas que les heures sont des fractions dans Excel. Ainsi, 6 heures correspond à 0,25.

3. Dans la colonne **Années avant la retraite**, il faut vérifier l'âge de la personne. Si elle a moins de 65 ans, il faut soustraire son âge de 65. Sinon, on n'affiche rien.

Le résultat de cet exercice varie avec le temps. Les réponses illustrées sont calculées à partir du 1er février 1997, à midi.

Liste des participants

Nom	Prénom	DDN	Heure de naissance	Âge	Jour de naissance	Jours vécus	Heures vécues	Né le jour	Années avant la retraite
Bédard	Luc	33-06-12	23:03	63	2	23245	557868	Non	2
Caron	Daniel	58-12-09	08:38	38	3	13934	334419	Oui	27
Brosseau	David	95-06-23	10:00	1	6	589	14138	Oui	64
Champoux	Ernest	10-04-10	07:14	86	1	31709	761020	Oui	
Duchesne	Michel	66-06-23	00:16	30	5	11181	268355	Non	35
Lavallé	Yvon	45-08-23	18:12	51	5	18790	450953	Non	14
Lecavalier	Kevin	30-04-26	13:44	66	7	24388	585310	Oui	
Sirois	Gaston	72-04-09	07:11	24	1	9064	217540	Oui	41
Zenga	Henri	60-11-24	10:14	36	5	13218	317233	Oui	29

FONCTIONS DE RECHERCHE

Les fonctions de recherche sont utiles lorsque votre tableau possède toutes sortes d'informations et que vous avez à y trouver rapidement des renseignements. Prenons l'exemple suivant, où le tableau montre la liste des produits offerts dans un commerce de fruits et légumes.

La formule pour trouver la description est (ligne 5)
=RECHERCHE(C5;$H$5:$H$20;$I$5:$I$20)

Au Jardin des Légumes inc.

Liste de produits

Quantité	Code	Description	Prix	Total		Code	Description	Prix
5	1016	Orange	0,16 $	0,80 $		1001	Carottes	2,33 $
2	1001	Carottes	2,33 $	4,66 $		1002	Céleri	0,99 $
3	1005	Oignons 2kg	2,50 $	7,50 $		1003	Piment vert	1,17 $
5	1013	Ananas	1,69 $	8,45 $		1004	Piment rouge	2,03 $
8	1003	Piment vert	1,17 $	9,36 $		1005	Oignons 2kg	2,50 $
8	1004	Piment rouge	2,03 $	16,24 $		1006	Laitue	0,99 $
						1007	Brocoli	1,29 $
						1008	Champignons	1,40 $
			Sous total	47,01 $		1009	Poire	0,27 $
						1010	Pêche	0,18 $
						1011	Kiwis	0,20 $
						1012	Concombre	1,25 $
						1013	Ananas	1,69 $
						1014	Pomme	0,20 $
						1015	Tomate	0,17 $
						1016	Orange	0,16 $

Pour trouver le prix, la fonction est semblable (ligne 5)
=RECHERCHE(C5;$H$5:$H$20;$J$5:$J$20)

Excel peut trouver automatiquement la description et le prix des produits lorsqu'on tape le code du produit dans la facture. Pour ce faire, il faut inscrire une fonction de recherche dans les colonnes D et E de la facture (voir autour de l'image). Le reste de la facture se calcule grâce à des fonctions simples. L'utilisateur n'a donc qu'à inscrire la quantité et le code du produit; Excel se charge ensuite du reste.

Voici la syntaxe exacte de cette fonction, ainsi que d'autres dont le fonctionnement est semblable. Il existe plusieurs autres fonctions dans cette catégorie, un résumé plus détaillé est donné en annexe.

RECHERCHE *(valeur_cherchée;vecteur_recherche;vecteur_résultat)*

Donne le contenu de la cellule du *vecteur_résultat* situé à la même hauteur que la *valeur_cherchée* dans le *vecteur_recherche*. En d'autres termes, cette fonction permet de faire ressortir une donnée à partir d'un index. La valeur cherchée dans l'index est donnée par le premier argument, le champ correspondant à l'index est passé en deuxième, et le champ où se situe l'information recherchée en dernier. Il faut que *vecteur_recherche* et *vecteur_résultat* contiennent le même nombre de cellules, sur une seule colonne ou une seule ligne. De plus, le *vecteur_recherche* doit être en ordre croissant pour obtenir le bon résultat. C'est la fonction utilisée dans l'exemple donné en début de section.

RECHERCHEV*(valeur_cherchée;table_matrice;no_index_col;valeur_proche)*

Fonctionne comme la précédente, mais effectue une recherche verticale à partir d'un déplacement du pointeur. La *valeur_cherchée* doit être donnée en premier et doit se trouver dans la première colonne du champ *table_matrice*. Ce champ doit inclure toutes les colonnes de la liste servant à la recherche. Le *no_index_col* est un chiffre indiquant le numéro de la colonne du *vecteur_recherche* dans laquelle se trouve la réponse cherchée (1 est la première colonne, 2 la suivante, et ainsi de suite).

En d'autres termes, le résultat de cette fonction donne une des valeurs du *vecteur_recherche*. Pour trouver la bonne valeur, Excel passera autant de colonnes que l'indique *no_index_col*. Ici aussi, la première colonne doit être triée en ordre croissant afin d'obtenir le bon résultat. Toutefois, si on utilise l'argument *valeur_proche*, il n'est plus nécessaire de trier la liste. L'argument *valeur_proche* est vrai() ou faux(). Dans le premier cas, il faut que la liste soit triée, mais pas dans le second. On aurait pu utiliser cette fonction dans l'exemple décrit au début de cette section. La formule pour trouver la description du produit serait alors =RECHER-CHEV(C5;$H$5:$J$20;2).

RECHERCHEH*(valeur_cherchée;tableau;no_index_lig;valeur_proche)*

Fonctionne comme la précédente, mais effectue une recherche horizontale, à partir d'un déplacement du pointeur dans la liste. La *valeur_cherchée* doit être donnée en premier et se trouver dans la première ligne du champ *vecteur_recherche*. Le *no_index_lig* est un chiffre indiquant l'élément du *vecteur_recherche* à retourner.

Le résultat de cette fonction donne une des valeurs du *vecteur_recherche*. Pour trouver la bonne valeur, Excel passera autant de lignes que l'indique *no_index_lig*. Ici aussi, il faut utiliser l'argument *valeur_proche* lorsque le tableau n'est pas trié ou lorsqu'on recherche une donnée précise. Si les produits avaient été entrés en lignes plutôt qu'en colonnes, il aurait fallu utiliser cette fonction dans l'exemple précédent.

2.3  **EXERCICE**

Cet exercice permet de mettre en pratique les fonctions de recherche.

À partir du tableau de l'exercice 2.2, modifiez la colonne **Jour de naissance** afin qu'on y voie le jour de semaine à la place du chiffre. Pour ce faire, construisez-vous une table, sous le tableau, dans laquelle figurera la correspondance de chaque jour de la semaine avec les chiffres 1 à 7. Au moyen de la fonction **RECHERCHE()**, faites la correspondance entre le résultat de la fonction **JOURSEM()** et les jours de la semaine.

Nom	Prénom	DDN	Heure de naissance	Âge	Jour de naissance	Jours vécus	Heures vécues	Né le jour	Années avant la retraite
Bédard	Luc	33-06-12	23:03	63	Lundi	23245	557868	Non	2
Caron	Daniel	58-12-09	08:38	38	Mardi	13934	334419	Oui	27
Brosseau	David	95-06-23	10:00	1	Vendredi	589	14138	Oui	64
Champoux	Ernest	10-04-10	07:14	86	Dimanche	31709	761020	Oui	
Duchesne	Michel	66-06-23	00:16	30	Jeudi	11181	268355	Non	35
Lavallé	Yvon	45-08-23	18:12	51	Jeudi	18790	450953	Non	14
Lecavalier	Kevin	30-04-26	13:44	66	Samedi	24388	585310	Oui	
Sirois	Gaston	72-04-09	07:11	24	Dimanche	9064	217540	Oui	41
Zenga	Henri	60-11-24	10:14	36	Jeudi	13218	317233	Oui	29

Correspondance des jours de semaine

1	Dimanche
2	Lundi
3	Mardi
4	Mercredi
5	Jeudi
6	Vendredi
7	Samedi

Liste des participants

FONCTIONS DE TEXTE

Les fonctions de texte sont utiles pour contrôler l'affichage du texte dans les cellules. On peut modifier le contenu d'une série de cellules en utilisant de telles fonctions ou encore les utiliser pour contrôler la saisie des données. On les utilise surtout en macrocommandes ou à l'intérieur d'une condition.

Voici un exemple illustrant ces fonctions:

Inventaire			
Marque	Quantité	**Modèle** NOMPROPRE(GAUCHE(B4;4)&"-" &ANNEE(AUJOURDHUI()))	**Numéro de série** "N/S-"&MAJUSCULE(DROITE(B4;3)) &ENT(ALEA()*1000)&"-X"
Emerson	8	Emer-1999	N/S-SON674-X
Sony	5	Sony-1999	N/S-ONY820-X
Mitsubishi	5	Mits-1999	N/S-SHI770-X
Toshiba	18	Tosh-1999	N/S-IBA415-X
Hitashi	14	Hita-1999	N/S-SHI214-X

Formule en E10: `="N/S-"&MAJUSCULE(DROITE(B10;3))&ENT(ALEA()*1000)&"-X"`

Dans ce tableau, on utilise diverses parties de la marque de commerce pour créer le nom des modèles et les numéros de série. On peut voir les fonctions utilisées dans la ligne 5. Lorsqu'on entre une marque de commerce dans la colonne B et une quantité dans C, l'ordinateur crée le modèle en jumelant les quatre premiers caractères de la marque de commerce à l'année actuelle. De même, on crée le numéro de série en jumelant à «**N/S-**» les trois derniers caractères de la marque de commerce et un chiffre au hasard (fonction **ALEA()**).

Voici quelques-unes des fonctions de texte. D'autres fonctions similaires sont proposées en annexe pour les cas plus complexes.

FONCTION	DESCRIPTION
&	Ce symbole sert à concaténer une chaîne de caractères avec une autre. Si la cellule B1 contient le mot "Lundi" et que C1 contient "le 25 janvier 1996", la formule =B1&C1 permet de jumeler les deux données en une seule cellule. On utilise donc **&** pour jumeler les données textuelles comme on utilise le + dans les additions.
DROITE(*texte;no_car*)	Tronque la chaîne de caractères *texte* à partir de la droite, pour un nombre précis de caractères. Le nombre de caractères retenus dans le *texte* est précisé par *no_car* et est pris à la fin du *texte*.
GAUCHE(*texte;no_car*)	Tronque la chaîne de caractères *texte* à partir de la gauche, pour un nombre précis de caractères. Le nombre de caractères retenus dans le *texte* est précisé par *no_car* et est pris au début du *texte*.
MAJUSCULE(*texte*)	Convertit tous les caractères du *texte* en majuscules.
MINUSCULE(*texte*)	Convertit tous les caractères du *texte* en minuscules.
NOMPROPRE(*texte*)	Convertit la première lettre de chaque mot du *texte* en majuscules.

2.4

EXERCICE

Cet exercice permet de maîtriser les fonctions logiques, de texte et de recherche.
On donne un code de client aux personnes de l'exercice 2.3. Pour ce faire, il faut insérer une nouvelle colonne à gauche des jours vécus (H) et utiliser les fonctions de texte.

Le code est construit à partir des autres données du tableau. Il commence par les trois premiers caractères du nom de famille, suivis de la première lettre du prénom, et il se termine par le nombre d'heures vécues. Finalement, les lettres du code sont converties en majuscules.

Nom	Prénom	DDN	Heure de naissance	Âge	Jour de naissance	Code de client	Jours vécus	Heures vécues	Né le jour	Années avant la retraite
Bédard	Luc	33-06-12	23:03	63	Lundi	BÉDL849564	35461	849564	Non	2
Caron	Daniel	58-12-09	08:38	38	Mardi	CARD850179	35461,6	850179	Oui	27
Brosseau	David	95-06-23	10:00	1	Vendredi	BROD851066	35461,6	851066	Oui	64
Champoux	Ernest	10-04-10	07:14	86	Dimanche	CHAE849028	35461,7	849028	Oui	
Duchesne	Michel	66-06-23	00:16	30	Jeudi	DUCM850379	35462	850379	Non	35
Lavallé	Yvon	45-08-23	18:12	51	Jeudi	LAVY849857	35461,2	849857	Non	14
Lecavalier	Kevin	30-04-26	13:44	66	Samedi	LECK849502	35461,4	849502	Oui	
Sirois	Gaston	72-04-09	07:11	24	Dimanche	SIRG850516	35461,7	850516	Oui	41
Zenga	Henri	60-11-24	10:14	36	Jeudi	ZENH850225	35461,6	850225	Oui	29

Liste des participants

Correspondance des jours de semaine	
1	Dimanche
2	Lundi
3	Mardi
4	Mercredi
5	Jeudi
6	Vendredi
7	Samedi

Fonctions financières

Bien que ces fonctions s'adressent surtout aux spécialistes de la finance, certaines peuvent s'avérer très utiles pour bon nombre d'utilisateurs. En effet, qui n'a pas déjà fait une demande de prêt, ou ne s'est pas déjà demandé ce que deviendrait une somme d'argent placée pendant telle période de temps? C'est le rôle des fonctions financières de vous renseigner sur ce sujet.

Ce qui rend ces fonctions complexes, c'est qu'elles demandent généralement des arguments qui ne sont pas toujours évidents à trouver. Un exemple des plus importantes fonctions financières apparaît dans la figure suivante. Dans ce tableau, toutes les cellules grisées contiennent une formule. Les explications détaillées suivent.

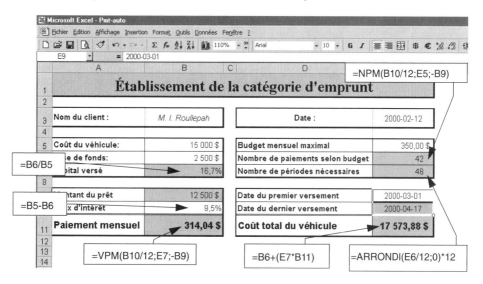

Comme vous pourrez le constater, les arguments sont très diversifiés. S'il y a une règle commune à chaque fonction, c'est que tous les arguments doivent être donnés dans les mêmes unités. Qu'il s'agisse de temps ou d'argent, il faut respecter cette règle. Calculer le paiement mensuel d'une hypothèque ou d'un prêt nécessite que tous les arguments soient donnés en mois, y compris le taux d'intérêt. Si l'on cherche le paiement annuel, il faut convertir les arguments en années.

Le tableau suivant montre le détail de l'évolution du même prêt pendant toute la période nécessaire à son remboursement. Ce tableau a été fait sur une feuille séparée, mais dans le même classeur que le précédent. On peut utiliser les chiffres du premier tableau pour créer celui-ci. L'avantage est que le tableau qui suit change automatiquement dès qu'on change les chiffres du premier.

Pour créer ce tableau, on a inscrit les formules des deux premières lignes, puis, en utilisant la poignée de recopie, on a recopié les formules jusqu'à la fin. Les formules utilisées sont inscrites dans les légendes. Vous trouverez aussi le détail de la syntaxe de chaque fonction financière utilisée. D'autres fonctions du même genre se retrouvent en annexe.

Étalement des versements de l'emprunt

Période du paiement	Date du paiement	Capital remboursé	Intérêts payés	Montant du paiement	Solde du capital
					12 500.00 $
1	2 Cellule A7	215.08 $	98.96 $	314.04 $	12 284.92 $
2	2000-03-02	216.78 $	97.26 $	314.04 $	12 068.14 $
3	2000-03-03	218.50 $	95.54 $	314.04 $	11 849.64 $
4	2000-03-04	220.23 $	93.81 $	314.04 $	11 629.41 $
5	2000-03-05	221.97 $	92.07 $	314.04 $	11 407.43 $
6	2000-03-06	223.73 $	90.31 $	314.04 $	11 183.70 $
7	2000-03-07	225.50 $	88.54 $	314.04 $	10 958.20 $
8	2000-03-08	227.29 $	86.75 $	314.04 $	10 730.91 $
9	2000-03-09	229.09 $	84.95 $	314.04 $	10 501.83 $
	2000-03-10	230.90 $	83.14 $	314.04 $	10 270.93 $
	=PRINCPER(9,5%/12;A7;48;-12500)	232.73 $	81.31 $	314.04 $	10 038.20 $
12	2000-03-12	234.57 $	79.47 $	314.04 $	9 803.63 $
13	2000-03-13	236.43 $	77.61 $	314.04 $	9 567.20 $
14	2000-03-14	238.30 $	75.74 $	314.04 $	9 328.90 $
15	2000-03-15	240.19 $	73.85 $	314.04 $	9 088.72 $
16	2000-03-16	242.09 $	71.95 $	314.04 $	8 846.63 $
17	**=INTPER(9,5%/12;A7;48;-12500)**		70.04 $	314.04 $	8 602.63 $
18	2000-03-18	245.94 $	68.10 $	314.04 $	8 356.69 $
19	2000-03-19	247.89 $	66.16 $	314.04 $	8 108.81 $
20	2000-03-20	249.84 $	64.19 $	314.04 $	7 858.97 $
21	2000-03-21	251.82 $	62.22 $	314.04 $	7 607.15 $
22	2000-03-22	253.82 $	60.22 $	314.04 $	7 353.33 $
23	2000-03-23	255.83 $	58.21 $	314.04 $	7 097.50 $
24	2000-03-24	**=VPM(9,5%/12;48;-12500)**		314.04 $	6 839.65 $
25	2000-03-25	257.89 $	56.15 $	314.04 $	6 579.76 $
26	2000-03-26	261.95 $	52.09 $	314.04 $	6 317.81 $
27	2000-03-27	264.02 $	50.02 $	314.04 $	6 053.79 $
28	2000-03-28	266.11 $	47.93 $	314.04 $	5 787.68 $
29	2000-03-29	268.22 $	45.82 $	**=ABS(F6-C7)**	5 519.46 $
30	2000-03-30	270.04 $	43.70 $	314.04 $	5 249.11 $
31	2000-03-31	272.48 $	41.56 $	314.04 $	4 976.63 $
32	2000-04-01	274.64 $	39.40 $	314.04 $	4 701.99 $
33	2000-04-02	276.82 $	37.22 $	314.04 $	4 425.17 $
34	2000-04-03	279.01 $	35.03 $	314.04 $	4 146.17 $
35	2000-04-04	281.22 $	32.82 $	314.04 $	3 864.95 $
36	2000-04-05	283.44 $	30.60 $	314.04 $	3 581.51 $
37	2000-04-06	285.69 $	28.35 $	314.04 $	3 295.82 $
38	2000-04-07	287.95 $	26.09 $	314.04 $	3 007.88 $
39	2000-04-08	290.23 $	23.81 $	314.04 $	2 717.65 $
40	2000-04-09	292.52 $	21.51 $	314.04 $	2 425.12 $
41	2000-04-10	294.84 $	19.20 $	314.04 $	2 130.28 $
42	2000-04-11	297.17 $	16.86 $	314.04 $	1 833.11 $
43	2000-04-12	299.53 $	14.51 $	314.04 $	1 533.58 $
44	2000-04-13	301.90 $	12.14 $	314.04 $	1 231.68 $
45	2000-04-14	304.29 $	9.75 $	314.04 $	927.40 $
46	2000-04-15	306.70 $	7.34 $	314.04 $	620.70 $
47	2000-04-16	309.13 $	4.91 $	314.04 $	311.57 $
48	06 600.00 $	311.57 $	2.47 $	314.04 $	0.00 $

INTPER(*taux;pér;npm;va;vc;type***)**

Calcule les intérêts d'un prêt, à une période donnée, si le taux est constant et si l'on effectue des paiements constants à intervalle régulier. Le résultat de cette fonction, ainsi que celui des suivantes, est négatif car il indique une somme à payer.

Taux est le taux d'intérêt constant accordé au prêt;

Pér est la période pour laquelle les intérêts sont calculés;

Npm est le nombre de paiements requis pour rembourser le prêt;

Va est la valeur actuelle du prêt;

Vc est la valeur qu'il restera à payer pour rembourser le prêt, après le dernier paiement. Cet argument est optionnel et il vaut 0 par défaut;

Type est égal à 0 ou 1, selon que le paiement est échu au début ou à la fin de la période. Si aucune valeur n'est indiquée, Excel utilise 0 (à la fin).

Exemple:

On emprunte 15 000 $ pour l'achat d'une voiture neuve. Le prêt automobile est pour 4 ans à 8,75 % et la formule utilisée est =INTPER(8,75%/12;1;4*12;15000). Dans cet exemple, on divise le taux d'intérêt par 12 pour le convertir en taux mensuel. La réponse est une approximation, car la vraie formule pour convertir le taux d'intérêt est $(1 + taux\, /\, f)^{(f/12)}$ -1 où f est la fréquence de capitalisation (2 pour un prêt hypothécaire).

PRINCPER(*taux;pér;npm;va;vc;type***)**

Calcule la portion du capital (principal) remboursée sur un paiement constant et périodique à taux d'intérêt fixe pour une période donnée. Cette fonction est le complément de la précédente. La somme de INTPER et PRINCPER pour le même investissement à une même période donne le montant à payer pour le prêt.

Taux est le taux d'intérêt constant accordé au prêt;

Pér est la période pour laquelle les intérêts sont calculés;

Npm est le nombre de paiements requis pour rembourser le prêt;

Va est la valeur actuelle du prêt;

Vc est la valeur qu'il restera à payer pour rembourser le prêt, après le dernier paiement. Cet argument est optionnel et il vaut 0 par défaut;

Type est égal à 0 ou à 1, selon que le paiement est échu à la fin de la période ou au début. Si aucune valeur n'est indiquée, Excel utilise 0 (à la fin).

Exemple:

On emprunte 15 000 $ pour l'achat d'une voiture neuve. Le prêt automobile est, pour 4 ans, à 8,75 %. Le remboursement en capital pour le premier paiement est de − 262,12 $, et la formule utilisée est =PRINCPER(8,75%/12;1;4*12;15000).

VPM(_taux;npm;va;vc;type_**)**

Calcule le paiement périodique d'une annuité, incluant le capital et les intérêts, si le taux d'intérêt et le remboursement sont constants. Cette fonction correspond à la somme des deux précédentes. Bien qu'elle soit parfaite pour vérifier combien vous coûtera mensuellement un prêt ou une hypothèque, il est normal d'obtenir une légère différence entre la réalité et le résultat de cette fonction, à cause des frais (assurance, etc.) ajoutés au montant du paiement. Aussi, la méthode de calcul américaine diffère du calcul utilisé par les banques canadiennes.

Taux	est le taux d'intérêt constant accordé au prêt;
Npm	est le nombre de paiements requis pour rembourser le prêt;
_Va_	est la valeur actuelle du prêt;
_Vc_	est la valeur qu'il restera à payer pour rembourser le prêt, après le dernier paiement. Cet argument est optionnel et il vaut 0 par défaut;
Type	est égal à 0 ou à 1, selon que le paiement est échu au début ou à la fin de la période. Si aucune valeur n'est indiquée, Excel utilise 0 (à la fin).

Exemple:

On emprunte 15 000 $ pour une voiture neuve. Le prêt automobile est, pour 4 ans, à 8,75 %. Le paiement en capital et intérêts est de -371,50 $, et la formule utilisée est =VPM(8,75%/12;4*12;15000).

NPM(_taux;vpm;va;vc;type_**)**

Calcule le nombre de paiements nécessaires pour rembourser une certaine annuité, selon un taux et un remboursement constants. Cette fonction peut être utilisée pour savoir combien de temps il faudra pour rembourser un prêt.

Taux	est le taux d'intérêt constant accordé au prêt;
Vpm	est le remboursement fait à chaque période (inscrivez le montant négatif afin d'obtenir une réponse positive);
_Va_	est la valeur actuelle du prêt;
_Vc_	est la valeur qu'il restera à payer pour rembourser le prêt, après le dernier paiement. Cet argument est optionnel et il vaut 0 par défaut;
Type	est égal à 0 ou à 1, selon que le paiement est échu au début ou à la fin de la période. Si aucune valeur n'est indiquée, Excel utilise 0 (à la fin).

Exemple:

Le paiement d'un prêt automobile de 15 000 $, sur 4 ans, à un taux d'intérêt de 8,75 % est de 371,50 $. Combien de temps sera nécessaire pour rembourser le même prêt si l'on effectue des paiements constants et périodiques de 450 $ au lieu de 371,50 $? La formule est =NPM(8,75%/12;-450;15000) et la réponse est 38 mois (3 1/6 ans).

VC(_taux;npm;vpm;va;type_**)**

Calcule la valeur future d'un investissement, c'est-à-dire le montant final d'un prêt, après l'échéance du terme.

Taux   est le taux d'intérêt constant accordé au prêt;

Npm   est le nombre de paiements nécessaires pour rembourser le prêt;

Vpm   est le paiement ou le dépôt fait à chaque période (inscrire avec un moins pour indiquer une sortie d'argent, ainsi _Vc_ sera positif);

_Va_   est la valeur future, c'est-à-dire le montant qu'il restera à payer après le dernier dépôt ou le dernier paiement. Cet argument est optionnel et il vaut 0 par défaut;

Type   est égal à 0 ou à 1, selon que le paiement est échu au début ou à la fin de la période. Si aucune valeur n'est indiquée, Excel utilise 0 (à la fin).

Exemple:

Vous désirez acheter une voiture neuve et décidez d'épargner suffisamment d'argent pour recourir le moins possible à l'emprunt pour payer votre achat. L'automobile que vous avez en vue coûte 15 000 $. Vous épargnez 315 $ par mois pendant 3 ans. Après cette période, combien d'argent aurez-vous en banque pour l'achat de l'auto en question si le taux d'intérêt est de 8,75 % ? La formule à utiliser est =VC(8,75%/12;3*12;315), ce qui donne 12 914,15 $.

EXERCICE

2.5

Cet exercice permet de se familiariser avec les fonctions financières.

Vous venez de faire l'acquisition d'une nouvelle demeure. Le prix de vente est de 125 000 $. Vous avez donné 12 500 $ de mise de fonds et il vous reste à rembourser une hypothèque de 116 000 $ (y compris les frais).

Sachant que votre hypothèque est au taux de 8,75 % par an, que votre amortissement est sur 25 ans et que vous payez toutes les deux semaines, dressez le tableau de votre emprunt.

1. Indiquez la date de chaque paiement, le capital remboursé, les intérêts payés et le montant total pour chaque paiement.

2. De plus, calculez les statistiques suivantes sous le tableau:

   • le nombre de paiements;

   • l'intérêt moyen payé pour chaque période de deux semaines;

   • le coût total de l'immeuble après 25 ans (capital et intérêts).

3. Basez-vous sur l'exemple précédent pour créer le tableau.

2.6

EXERCICE

Cet exercice permet de se familiariser avec l'utilisation des fonctions préprogrammées.

Répondez aux questions suivantes à l'aide des fonctions préprogrammées. Vous pouvez construire un tableau dans lequel vous donnerez le numéro de la question, la formule utilisée et la réponse.

Vous trouverez toutes les réponses à la fin du manuel, en annexe.

TROUVEZ LA VALEUR DE	FORMULE UTILISÉE	RÉPONSE TROUVÉE
La valeur absolue de -34,88		
-34,88 arrondi à une décimale		
N'importe quel chiffre inférieur à 1 000		
La racine carrée de 377 364		
Le reste de la division de 31		
La valeur entière de -34,88		
10 au cube		
La date d'il y a 675 jours		
La racine carrée de la valeur absolue de la valeur entière de -123,66		
Le produit de 4 chiffres choisis au hasard arrondis à 3 décimales		
La valeur arrondie de la valeur absolue du paiement d'un prêt de 40 000 $ au taux annuel de 10 % pendant 10 ans		

EXERCICE

2.7

Cet exercice permet de se familiariser avec l'utilisation des fonctions mathématiques et financières.

Voici quelques problèmes pratiques. Bien qu'il ne soit pas nécessaire de concevoir un tableau élaboré afin de trouver les réponses, vous pouvez tout de même vous aider des diverses fonctions d'Excel. Inscrivez ensuite chaque formule dans le manuel ainsi que la réponse obtenue. Les réponses aux exercices sont en annexe.

A)

Une automobile parcourt 30 km vers l'est, puis elle tourne à gauche (à 90°) et parcourt 40 km vers le nord. Calculez la distance en ligne droite (à vol d'oiseau) entre les points de départ et d'arrivée de l'automobile. La formule est la racine carrée de (a^2+b^2), où a est la distance parcourue vers l'est et b la distance parcourue vers le nord.

B)

Un immeuble de 12 logements, dont les loyers mensuels sont de 410 $ par mois, est acheté pour 300 000 $. Les propriétaires l'hypothèquent pour 250 000 $ et paient le reste comptant. Le taux d'intérêt est de 9,75 % par année et l'amortissement s'étale sur 25 ans. Calculez le paiement de cette hypothèque.

C)

Dans un autre coin de la ville, un autre immeuble est vendu 180 000 $. Celui-ci contient 4 logements, et le revenu mensuel total est de 2 325 $. Le prêt hypothécaire de cette maison est de 160 000 $, au taux d'intérêt de 10,25 % par année, pendant 25 ans. Calculez le paiement de cette hypothèque. Pouvez-vous dire lequel des deux immeubles (B ou C) est le plus rentable, si le total des dépenses est de 20 000 $ par année dans le premier cas et de 9 500 $ dans le deuxième?

D)

Combien d'argent aurai-je en banque si je place 450 $ par mois pendant 5 ans au taux de 8 % par année?

E)

Combien vais-je payer d'intérêts sur une maison de 100 000 $, si je donne 10 000 $ au départ et rembourse un prêt hypothécaire de 90 000 $ en 25 ans, au taux constant de 9 % d'intérêt par année? (On cherche le montant total d'intérêts déboursé, mais sans inclure le capital.)

2.8

EXERCICE

Cet exercice permet de se familiariser avec l'utilisation des fonctions de recherche.

1. Faites un tableau dans lequel vous inscrirez les nom, adresse et numéro de téléphone de dix personnes que vous connaissez.

2. À la droite de ce tableau, construisez-en un second dans lequel vous pourrez taper le nom d'une personne et voir immédiatement tous les détails la concernant.

2.9

EXERCICE

Cet exercice permet de se familiariser avec les fonctions logiques de texte et de recherche.

Modifiez le second tableau de l'exercice précédent afin qu'il vous fournisse tous les renseignements concernant une personne, à partir de son numéro de téléphone ou de son nom. La différence entre ce tableau et le précédent est qu'ici, il n'est pas nécessaire de taper le nom pour obtenir les détails; on peut utiliser le numéro de téléphone. Qu'on utilise le numéro de téléphone ou le nom de la personne, l'entrée de données doit se faire dans la même cellule. On pourra distinguer un numéro de téléphone d'un nom par le premier caractère. Si le premier caractère est numérique, c'est un numéro de téléphone; autrement, c'est un nom.

Il vous faut utiliser la fonction **SI**, ainsi qu'une fonction de texte pour vérifier si le premier caractère est compris entre 0 et 9.

QUESTIONS DE RÉVISION

Association d'idées

1. **Pouvez-vous associer les fonctions de la colonne de gauche avec les descriptions données à droite?**

FONCTIONS	*DESCRIPTIONS*
MEDIANE	Fonction d'heure
ARRONDI	0,0038398
RACINE	Conversion de texte
ALEA	Condition
RECHERCHEV	Hypothèque
MAINTENANT	Fonction de date
HEURE	Chiffre du milieu
MAJUSCULE	Pas de décimales
VPM	Données à la verticale
SI	Donne 5 si l'argument est 25

2. **Vrai ou Faux?**

_____ La fonction **DATE()** permet de calculer le nombre de jours qu'il y a entre deux dates.

_____ **=ARRONDI(RACINE(ALEA());3)** permet d'arrondir la racine carrée d'un nombre choisi au hasard entre 1 et 100.

_____ La condition **ET(A3>A5;FAUX())** donne VRAI lorsque le contenu de A3 est plus grand que celui de A5, sinon, elle indique FAUX.

_____ La fonction **SI()** permet de vérifier si une cellule est vide.

Réponses à l'annexe 2

Chapitre 3

LES GRAPHIQUES

Objectif général

Savoir reconnaître et créer des graphiques simples.

Objectifs spécifiques

Être en mesure:

✓ de reconnaître les types de graphiques les plus importants;

✓ de créer un graphique dans une feuille séparée;

✓ de créer un graphique dans la même feuille que le tableau;

✓ de connaître et d'utiliser l'assistant graphique.

LA NOTION DE GRAPHIQUE

Vous savez tous qu'une image vaut mille mots. Cet aphorisme est d'autant plus vrai lorsqu'il s'agit d'interpréter les chiffres qui apparaissent dans un rapport administratif. La tendance d'une courbe dans un graphique illustre, avec beaucoup de simplicité et d'efficacité, les résultats d'un tableau. En effet, que pourriez-vous dire de ce tableau au premier regard ?

Vente du premier trimestre		
	Janvier	Février	Mars
Nord	54 902 $	94 902 $	49 902 $
Sud	1 529 486 $	1 569 486 $	1 524 486 $
Est	1 255 081 $	1 295 081 $	1 250 081 $
Ouest	1 300 092 $	1 340 092 $	1 295 092 $
Centre	1 202 002 $	1 242 002 $	1 197 002 $
Total	5 341 563 $	5 541 563 $	5 316 563 $

Vous pourriez être un peu embêté de tirer une conclusion sans prendre le temps d'analyser ces données. Bien sûr, si on vous dit que les ventes sont plus élevées pour le secteur sud, vous avez une meilleure idée de ce qu'on vous présente. Mais que dire maintenant de ce graphique, basé sur les mêmes chiffres ? Sans qu'on vous dise un seul mot, vous avez compris la même chose (et peut-être plus) de façon plus rapide:

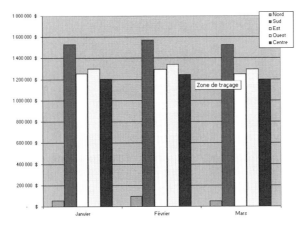

CRÉER UN GRAPHIQUE DANS UNE FEUILLE DISTINCTE

Si votre intention est d'imprimer le graphique seul sur une feuille, sans y joindre le tableau, le plus facile est d'utiliser la touche *F11* du clavier. Voyons comment créer ce graphique.

Dans un premier temps, il faut créer un tableau, car un graphique est toujours basé sur les données d'un tableau.

Prenons pour exemple le tableau qui suit:

De façon très simple, on peut créer un graphique en sélectionnant les cellules appropriées et en appuyant sur la touche **F11**. Mais le plus important est de savoir ce qu'on désire démontrer par ce graphique. En effet, la sélection de cellules ne sera pas la même selon le message qu'on désire mettre en évidence.

Dans ce cas-ci, supposons qu'on désire montrer clairement que les ventes sont plus élevées dans le secteur sud. Ce graphique sera constitué d'une courbe différente pour chaque mois.

Le graphique illustrera les ventes (Y) en fonction de la région (X). Il faudra donc sélectionner les cellules A3 à D8. On inclut les cellules contenant les titres de colonnes et de lignes, car Excel utilisera ces données pour créer l'axe des X et la légende des courbes. On ne sélectionne pas les totaux, cette information n'étant pas importante pour notre exemple.

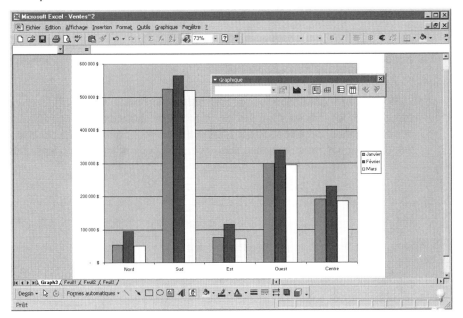

Puis, on appuie sur la touche **F11** et le tour est joué! Il ne reste plus qu'à adapter le graphique à ses besoins pour finir le travail. Voici le résultat, suivi de la marche à suivre précise:

Marche à suivre

1. Sélectionner les cellules pertinentes au graphique, en incluant les cellules de titres de colonnes et de lignes.

2. Appuyer sur **F11**.

3. En utilisant la barre d'outils graphiques, ajuster le format du graphique.

Pour corriger le format du graphique, on utilise la barre d'outils graphiques, qui apparaît automatiquement dans la page du graphique. Voici les outils qu'elle comporte:

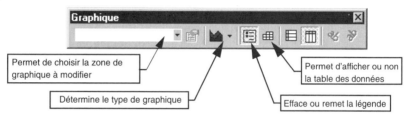

Ces boutons servent, dans l'ordre, à sélectionner une zone particulière du graphique, à accéder au **Format** de la zone sélectionnée, à changer le type de graphique, à afficher ou non la légende, à afficher ou non la table des données, à préciser si les données sont en lignes ou en colonnes, et finalement à orienter les étiquettes des axes. Lorsqu'on clique sur le troisième bouton, une liste de types de graphiques apparaît (voir la figure suivante).

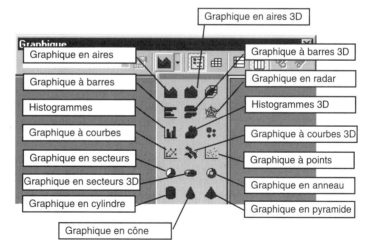

CRÉER UN GRAPHIQUE AVEC L'ASSISTANT GRAPHIQUE

Excel possède une fonction appelée l'**Assistant graphique** qui permet aussi de créer des graphiques. La différence est qu'elle offre à l'utilisateur un meilleur contrôle du résultat. Ainsi, on peut créer le graphique sur la même page que le tableau. L'**Assistant graphique** fonctionne en quatre étapes relativement simples et rapides qui permettent d'obtenir à peu près n'importe quel graphique. En fait, les résultats peuvent être d'apparence très variée car 14 types standard de graphiques sont offerts sous 73 sous-types et 20 formats de types personnalisés.

La marche à suivre qui suit décrit, de façon générale, les étapes nécessaires pour créer le graphique. Le détail de chacune des étapes est élaboré dans les pages qui suivent.

Pour créer un graphique avec l'Assistant graphique

MARCHE À SUIVRE

1. Faire le tableau dans la feuille de calcul.

2. Sélectionner les cellules du tableau qui serviront à faire le graphique.

3. Cliquer sur le bouton de l'**Assistant graphique**.

4. Choisir le type de graphique dans la première boîte de dialogue.

5. Vérifier si les cellules sélectionnées correspondent bien à celles prévues et faire les correctifs, au besoin, dans la deuxième boîte de dialogue.

6. Sélectionner, à l'aide de la troisième boîte de dialogue, les options de graphiques telles que le contenu des titres, le quadrillage, la légende et autres.

7. Dans la quatrième boîte de dialogue, indiquer si le graphique devra être sur la feuille courante ou sur une autre feuille.

Voyons cette marche à suivre en détail au moyen d'un exemple. À partir du tableau précédent, essayons de construire un graphique qui illustre les parts de marché de chaque secteur pour janvier.

Le graphique sera de même type que le graphique par défaut généré par la fonction *F11*. Pour ce faire, il faudra sélectionner les cellules A3 à D8, c'est-à-dire les titres et les chiffres de janvier, février et mars. Lorsque la sélection sera terminée, il faudra cliquer sur le bouton de l'**Assistant graphique**.

Une première boîte de dialogue apparaît à l'écran:

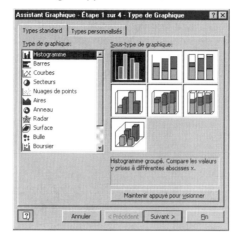

Cette boîte de dialogue a deux onglets et, par le premier, les types standard de graphiques sont proposés. Dans celui-ci, il faut sélectionner le type de graphique voulu. Vous pourrez y remarquer que la catégorie **Histogramme** est déjà sélectionnée. C'est le graphique par défaut qui nous est offert et, pour notre exemple, nous allons choisir ce type. Pour sélectionner un autre type, il suffit de cliquer d'abord dans la case qui représente le bon type de graphique et ensuite de choisir le sous-type dans la zone affichant les différents modèles offerts. Vous pouvez aussi utiliser le bouton **Maintenir appuyé pour visionner** pour avoir un aperçu de votre choix avec les données que vous avez sélectionnées. L'onglet **Types personnalisés** vous offre un groupe de graphiques déjà mis en forme. L'image suivante vous en donne un exemple.

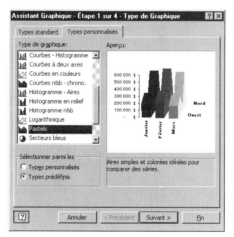

On clique ensuite sur le bouton **Suivant.**

Dans la boîte suivante, il suffit de vérifier si les adresses décrites dans la section **Plage de données** correspondent bien à celles qui contiennent les données du graphique. Il faut remarquer que les adresses sont en mode absolu, c'est pourquoi elles sont composées de signes «$». Si tout est correct, il suffit de cliquer sur le bouton **Suivant**. Sinon, il faut d'abord corriger la plage. De plus, vous pouvez indiquer si vos données à traiter sont en colonnes ou en lignes. Dans notre exemple, les ventes de chaque secteur sont placées verticalement, une en dessous de l'autre. Les données du graphique sont donc placées en colonnes.

Il faut ensuite préciser si certaines lignes ou colonnes contiennent des étiquettes des séries qui seront utilisées pour identifier les parties du graphique. En choisissant l'onglet **Série** de cette boîte de dialogue, nous pourrons les identifier.

Dans la section **Étiquettes des abscisses**, préciser la zone contenant les étiquettes de secteur. Pour les étiquettes des séries, on indique à l'aide de la zone **Nom** la provenance du nom de celles-ci et dans la zone **Valeurs,** la provenance des données, une série à la fois.

Vous remarquerez aussi que plusieurs boutons sont offerts au bas de la fenêtre. Le premier, **Aide**, permet d'obtenir plus d'information sur cette fonction. **Annuler** permet d'arrêter toute l'opération pour revenir à la feuille de calcul. Le bouton **Précédent** sert à reculer à l'étape précédente alors que **Suivant** permet de passer à la suivante. Enfin, le bouton **Fin** peut être utilisé pour sauter toutes les étapes qui restent et terminer la création du graphique. Pour notre exemple, nous allons maintenant passer à l'étape suivante.

La troisième étape consiste à choisir différentes options du graphique. Pour cela, vous remarquerez les six différents onglets mis à votre disposition. Nous ne nous concentrerons que sur l'onglet **Titre** pour l'instant. Nous verrons les autres plus tard.

Dans la section **Titre du graphique**, il est possible de taper un titre qui apparaîtra dans le haut du graphique. Ne pas oublier de cliquer à l'intérieur de la case avant d'y taper du texte, afin d'obtenir un point d'insertion. Dans notre exemple, nous inscrirons **Ventes globales pour le premier trimestre**.

De la même façon, on peut aussi inscrire un titre pour l'axe des X et l'axe des Y.

Le graphique se crée dès qu'on clique sur **OK** et l'écran revient à la feuille de calcul. À ce moment, on peut ajuster certains éléments du graphique, sinon le travail est presque complété.

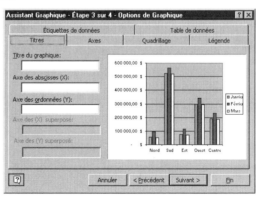

La dernière étape consiste à indiquer à Excel où insérer le graphique. Nous avons deux choix. Le premier, **sur une nouvelle feuille**, permettra de séparer le graphique des données. Le deuxième, **en tant qu'objet dans**, nous permettra, entre autres choses, d'imprimer sur la même page le graphique avec les données.

Il est intéressant de voir qu'Excel reconnaît ce qui semble être la situation la plus probable et choisit habituellement d'avance les bonnes options, de telle sorte qu'il ne nous reste qu'à vérifier si les choix proposés sont corrects. Si vous ne savez pas trop quel choix faire, vous pouvez sélectionner chaque option et regarder le graphique illustré en exemple. Celui-ci changera immédiatement d'apparence et vous pourrez constater le résultat. Lorsque vous êtes satisfait, il ne reste qu'à cliquer sur le bouton **Fin** afin de voir apparaître le graphique à l'endroit choisi.

Pour modifier la dimension d'un graphique, il faut le sélectionner et glisser les petits carrés qui l'entourent (les poignées), comme on déplace une fenêtre. Pour le déplacer, on fait comme pour les données d'une cellule, on glisse la souris. Pour l'effacer, on appuie sur la touche *Suppr (Del)* après avoir sélectionné le graphique.

Pour changer de type de graphique, il faut utiliser la barre d'outils graphiques qui apparaît normalement à l'écran dès que le graphique est sélectionné. Les boutons qu'elle comporte ont été décrits précédemment.

Quant aux données qui composent le graphique, on peut les modifier directement dans le tableau et le graphique s'ajustera automatiquement.

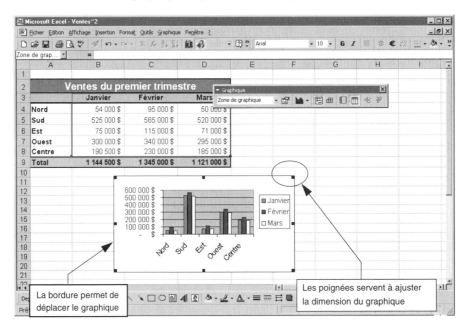

EXERCICE

3.1

Cet exercice permet de mettre en pratique la création des graphiques.

Créez le graphique illustré dans la figure qui suit à partir du fichier **FOYERS** (exercice 1.1). Le graphique **qui est sur une page séparée du tableau** comprend le nom des produits ainsi que les quantités minimales, en stock et à recevoir.

Afin de ne pas sélectionner les colonnes B et C (Valeur au coûtant et Prix de vente), on doit utiliser la touche *Ctrl*.

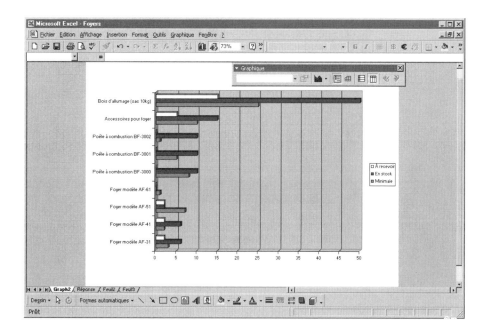

3.2 EXERCICE

Cet exercice permet de mettre en pratique la création des graphiques.

Faites un graphique de type histogramme à partir des données du tableau suivant afin de faire ressortir les vendeurs qui vendent le plus. Le graphique cherché est en 3D et ne contient pas de légende. De plus, il sera imprimé sous le tableau, dans une page bien centrée, tel qu'illustré ci-dessous.

Ventes par secteur 1999		
Secteur	**Vendeur**	**Ventes totales**
Nord	T. Doré	1 002 443 $
Sud	C. Calamar	745 332 $
Est	I. Cachaleau	1 423 554 $
Ouest	D. Saumon	989 549 $
Exportation	G. Ducrab	884 847 $
Comptes spéciaux	S. Turgeon	1 250 914 $

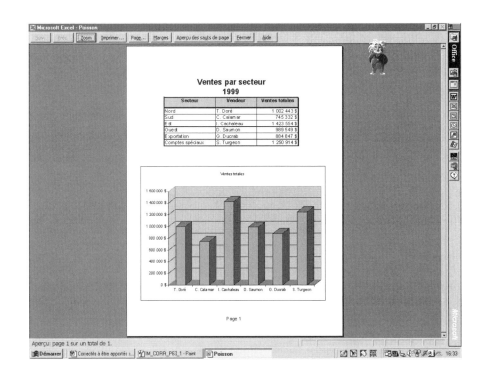

MODIFIER UN GRAPHIQUE

Créer un graphique ne signifie pas nécessairement qu'il soit parfait. Plusieurs fonctions nous permettent d'y ajouter du texte, des dessins, ou de modifier ses paramètres actuels dans le but d'en améliorer la présentation. Toutes ces fonctions se regroupent sous trois thèmes: enlever des éléments, en ajouter ou modifier leur apparence.

 MARCHE À SUIVRE

1. Pointer dans l'encadré contenant le graphique à éditer.

2. Cliquer une fois pour éditer le contenu du graphique (les poignées qui servent à modifier la dimension du graphique apparaissent sur le contour de celui-ci).

Lorsqu'on est en mode **Édition**, on peut faire subir toute une série de modifications au graphique. S'il semble y avoir peu de changements à l'écran, c'est que le mode **Édition** modifie seulement le graphique et les options de la barre de menus. Ainsi, plusieurs menus sont maintenant différents de la normale et, en cliquant dans une région précise du graphique, on peut en modifier le format ou le contenu. Pour voir les options possibles, nous allons conserver l'exemple précédent.

AJOUTER OU ENLEVER UNE SÉRIE DE DONNÉES (UNE COURBE)

Une fois le graphique créé, s'il faut ajouter une nouvelle série, en supprimer une ou en changer une qui serait mal définie, il faut d'abord la sélectionner puis exécuter la fonction appropriée.

Pour ajouter une courbe

 MARCHE À SUIVRE

1. Du menu **Graphique**, choisir **Ajouter des données** (la boîte de dialogue suivante apparaît).

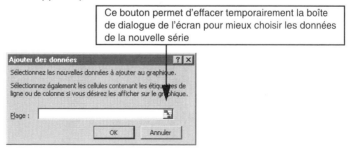

Ce bouton permet d'effacer temporairement la boîte de dialogue de l'écran pour mieux choisir les données de la nouvelle série

2. Cliquer dans la feuille de calcul, afin de sélectionner le champ de cellules qui composent la nouvelle série de données.

3. Cliquer sur **OK** pour terminer.

Pour supprimer une courbe

 **MARCHE À SUIVRE**

1. Cliquer sur la courbe en question dans le graphique de telle sorte que seulement celle-là soit sélectionnée.

2. Effacer la série actuelle en appuyant sur la touche *Suppr* (*Del*) ou en choisissant l'option **Effacer** du menu contextuel ou du menu **Édition**.

MODIFIER UNE SÉRIE DE DONNÉES

D'une certaine façon, le plus simple, pour modifier une série de données, est de supprimer la série, puis d'en insérer une nouvelle. Mais il faudra peut-être refaire la mise en forme de la série pour qu'elle paraisse de la même façon qu'avant. Or, il existe une autre possibilité qui permet, elle, d'éviter de refaire la mise en forme de la série. On peut sélectionner la série, puis simplement modifier la plage de cellules. L'opération est un peu plus complexe, mais demande moins de travail au bout du compte.

Pour modifier une courbe

 MARCHE À SUIVRE

1. Cliquer sur la courbe en question dans le graphique de telle sorte que seulement celle-là soit sélectionnée.

2. Du menu **Graphique**, sélectionner l'option **Données source**.

3. Dans la boîte de dialogue (illustrée ci-après), sélectionner l'onglet **Série.**

4. Dans la section **Série,** modifier au besoin la série que l'on désire travailler.

5. Dans la section **Nom**, corriger l'adresse de la cellule contenant le titre de la série.

6. Dans la section **Valeurs**, corriger le champ de cellules qui composent la série.

7. Dans la section **Étiquettes,** corriger le champ de cellules si nécessaire.

8. Cliquer sur **OK** pour terminer.

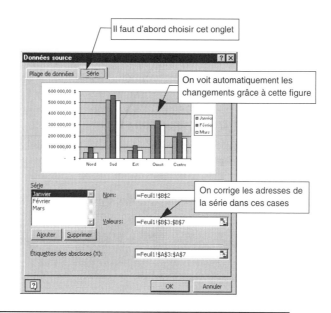

ÉDITER LE TEXTE DANS LES GRAPHIQUES

Il y a trois façons d'éditer le texte dans un graphique. La première est de sélectionner un élément de texte déjà existant pour le changer. La deuxième consiste à ajouter un nouvel élément de texte dans le graphique. La dernière se résume à effacer le texte en question.

Modifier du texte existant

Pour modifier du texte, il suffit de cliquer à deux reprises sur celui-ci. Attention toutefois de ne pas faire un double clic, qui permet de changer le format (décrit plus loin). Dans le cas présent, il faut cliquer une première fois, attendre une seconde puis cliquer de nouveau. Le premier clic sert à sélectionner l'encadré contenant le texte. Quant au deuxième clic, il donne un point d'insertion qui permet de modifier le contenu de l'encadré.

Après avoir corrigé le texte, il faut cliquer dans une autre région du graphique (n'importe laquelle) pour sélectionner autre chose et voir le texte correctement (sans les poignées qui sont autour).

Effacer du texte existant

Une démarche semblable à la précédente permet de supprimer du texte déjà existant. Il suffit alors de le sélectionner en cliquant dessus, puis on appuie sur la touche *Suppr* (*Del*). Le cadre complet disparaît alors, incluant le texte qu'il contient. Il n'est donc pas besoin de cliquer à deux reprises comme dans le cas précédent.

Ajouter du texte au graphique

Lorsqu'on ajoute du texte, il y a trois éléments distincts à considérer: les titres, les étiquettes de données et le texte indépendant. Les titres englobent le titre général et le titre de chaque axe du graphique. Les étiquettes de marque de données permettent d'inscrire directement sur le graphique la valeur exacte d'un des points. Enfin, le texte indépendant est un bloc de texte ajouté séparément dans le graphique et qui n'est en rien dépendant du reste des données (aussi appelé boîte ou zone de texte flottante).

Pour ajouter un titre à un graphique

 MARCHE À SUIVRE

1. Du menu **Graphique**, choisir **Options du graphique** (la boîte de dialogue suivante apparaît).

2. Choisir l'onglet **Titres**.
3. Taper le texte voulu dans la zone de titre appropriée.
4. Cliquer sur **OK** (la boîte de dialogue disparaît).

Dans le graphique, une boîte de texte apparaît aux endroits où chaque élément de titre doit apparaître. Cliquer sur chacun pour modifier le texte si nécessaire.

Pour ajouter une étiquette de marque de données

 MARCHE À SUIVRE

1. Cliquer sur une des courbes du graphique afin de la sélectionner.
2. Du menu **Format**, choisir **Série de données sélectionnées**.
3. Sélectionner l'onglet **Étiquettes de données**.

Format de série de données

Motifs | Sélection de l'axe | Barre d'erreur Y
Étiquettes de données | Ordre des séries | Options

Étiquettes de données
- Aucune
- Afficher valeur
- Afficher pourcentage
- Afficher étiquette
- Afficher étiquette et pourcentage
- Afficher la taille des bulles

☐ Afficher symbole de légende près de l'étiquette

OK   Annuler

4. Choisir le type d'étiquette (**Afficher valeur**, pour voir la valeur exacte que représente ce point; **Afficher pourcentage**, pour voir le poids de ce point par rapport aux autres; ou **Afficher étiquette**, pour voir le titre de ce point dans la courbe).

5. On peut **Afficher le symbole de la légende près de l'étiquette** afin d'éviter la confusion lorsque plusieurs courbes possèdent des étiquettes, en cochant cette case.

6. Cliquer sur **OK**.

Après avoir cliqué sur **OK**, le nombre ou le titre, selon le cas, apparaît au-dessus du point de la courbe. On peut alors modifier la position de ce texte ou changer son contenu en cliquant sur celui-ci. On peut aussi changer le format du texte ou de la boîte, comme on le verra plus loin dans ce chapitre.

S'il faut ajouter une étiquette à un point de la courbe seulement (et non pour tous les points de celle-ci), cliquer de nouveau sur le point en question et la boîte de dialogue suivante apparaît:

Format de série de données

Motifs | Sélection de l'axe | Barre d'erreur Y
Étiquettes de données | Ordre des séries | Options

Étiquettes de données
- Aucune
- Afficher valeur
- Afficher pourcentage
- Afficher étiquette
- Afficher étiquette et pourcentage
- Afficher la taille des bulles

☐ Afficher symbole de légende près de l'étiquette

OK   Annuler

Pour ajouter du texte indépendant

MARCHE À SUIVRE

1. Cliquer sur le bouton **Dessin** illustré ci-contre afin d'afficher une barre d'outils.

2. Cliquer sur le bouton **Zone de texte** de cette barre d'outils.

   Note: on peut aussi utiliser la fonction **Bulles et légendes...** disponible à partir de la barre d'outils de **Dessins, Formes automatiques**

3. Tracer un encadré avec la souris, à l'endroit voulu dans le graphique.

4. Taper le texte voulu dans la boîte.

5. Au besoin, déplacer et ajuster la grandeur de la zone de texte en utilisant les poignées (carrés) noires qui l'entourent.

6. Cliquer de nouveau sur le bouton **Dessin** pour faire disparaître la barre d'outils de dessin.

Ici aussi, on pourra modifier l'apparence du texte et de la boîte par le menu **Format**. La boîte de texte peut être placée n'importe où dans le graphique, même par-dessus une courbe. Elle est donc très utile pour ajouter tout renseignement additionnel à ce dernier.

AUTRES ÉLÉMENTS À AJOUTER OU À ENLEVER

Les axes

Les axes se trouvent au bas et à gauche de la plupart des graphiques (sauf en secteur, en radar ou en anneau). Ils décrivent avec une certaine précision la valeur représentée par chaque point du graphique. Au départ, le graphique contient généralement un axe pour les valeurs en X (abscisse), situé au bas du graphique et un axe pour les valeurs en Y (ordonnée), situé à gauche du graphique. Il est simple d'enlever ces axes ou de les remettre. On peut même ajouter un deuxième axe pour les valeurs en Y, mais ce concept n'est utile que pour certains graphiques plus complexes.

Pour ajouter ou enlever un axe

 MARCHE À SUIVRE

1. Du menu **Graphique**, choisir **Options du graphique** et la boîte de dialogue suivante apparaît.

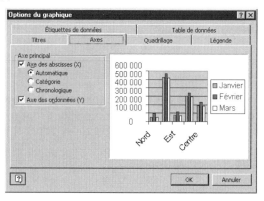

2. Choisir l'onglet **Axes**.

3. Pour chaque axe, cocher la case pour qu'il apparaisse dans le graphique; sinon, enlever le crochet.

4. Cliquer sur **OK** pour terminer.

Pour changer la graduation de l'axe, il faut utiliser le menu **Format**. Les axes sont toujours réglés automatiquement par Excel. Celui-ci calculera les valeurs optimales entre lesquelles l'axe sera dessiné ainsi que l'intervalle entre chacun de ses points. Le menu **Format** permet de contrôler manuellement ces éléments. On ne change généralement pas les valeurs qui apparaissent sur les axes car elles représentent les points des courbes. Si toutefois il faut le faire, on doit alors changer le contenu des cellules du tableau d'où ces valeurs proviennent.

Deuxième axe des Y

Si on désire avoir deux axes pour les valeurs en Y, un à gauche et un à droite du graphique, il faut alors utiliser le menu **Format**. Cette option n'est toutefois offerte que pour les graphiques en 2D.

Pour ajouter ou enlever un deuxième axe des Y

 MARCHE À SUIVRE

1. Sélectionner la courbe du graphique qui doit être associée au deuxième axe des Y (à la droite du graphique).

2. Du menu **Format**, choisir **Série de données sélectionnée**.

3. Choisir l'onglet **Sélection de l'axe**.

4. Choisir ensuite **Axe secondaire**.

5. Cliquer sur **OK** pour terminer.

Cet axe est contrôlé de la même façon que le premier, mais il peut avoir une échelle différente, ce qui permet d'illustrer des données de type ou d'ordre de grandeur différents sur le même graphique.

LA LÉGENDE

La légende est constituée des titres de colonnes qui se trouvent dans le tableau. On peut en modifier le format, mais pas le contenu, à moins de modifier les cellules de la feuille de calcul. Le menu **Graphique** permet d'ajouter une légende.

Pour ajouter une légende

 MARCHE À SUIVRE

1. Du menu **Graphique**, choisir **Options du graphique**.

2. Choisir l'onglet **Légende**.

   OU

   Cliquer sur le bouton **Légende** 🔲 de la barre d'outils graphiques.

Pour enlever la légende

MARCHE À SUIVRE

1. Cliquer sur le bouton **Légende**.

   OU

   Sélectionner la légende en cliquant avec la souris.

2. Appuyer sur *Suppr* (*Del*).

LE QUADRILLAGE

Ajouter un quadrillage consiste à tracer des lignes verticales et horizontales qui traversent le graphique au complet à partir de chaque axe. Ces lignes forment une grille dans le fond du graphique et permettent de trouver plus facilement la valeur d'un point sur les axes. Bien que l'on puisse commander l'apparence des lignes et de leur style par le menu **Format**, l'approche par le menu **Graphique** correspond à celle qui est utilisée dans ce volume.

Pour ajouter ou enlever un grillage

MARCHE À SUIVRE

1. Du menu **Graphique**, choisir **Options du graphique** et la boîte de dialogue suivante apparaît.

2. Choisir l'onglet **Quadrillage.**

3. Cocher les cases correspondant aux choix désirés.

4. Cliquer sur **OK** pour terminer.

Dans cette boîte de dialogue, le quadrillage principal est tracé à partir des points de l'axe où sont inscrites les valeurs de l'échelle. Le quadrillage secondaire correspond aux points de l'axe situés entre deux points principaux et pour lesquels il n'y a pas de valeur inscrite. On se sert du quadrillage secondaire afin d'obtenir un plus grand nombre de lignes sur le graphique et, ainsi, d'avoir plus de précision lorsqu'on cherche la correspondance d'un point sur les axes. Cette option est toutefois à éviter sur des graphiques contenant beaucoup d'information, car elle charge davantage l'image et peut la rendre plus difficile à lire.

Corriger le format du graphique

Tous ces éléments qui ont été ajoutés au graphique n'apparaissent peut-être pas exactement comme on l'aurait souhaité. C'est pourquoi il est souvent nécessaire de changer le format des composantes du graphique. La marche à suivre est la même pour tous les cas, mais les options de format peuvent varier.

MARCHE À SUIVRE

1. Sélectionner l'élément du graphique à corriger.

2. Choisir la première option du menu **Format** (son nom change selon l'élément sélectionné).

   OU

   Double-cliquer sur la composante à modifier.

Différentes régions du graphique permettent d'y changer des éléments particuliers. La figure qui suit illustre les régions du graphique qui donnent des options de mise en forme différentes

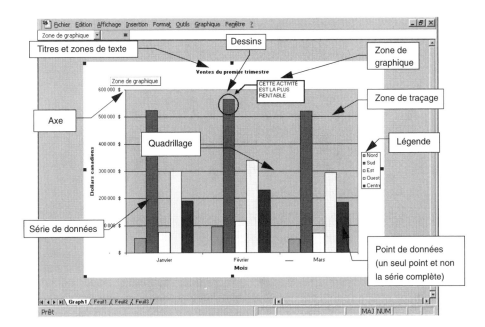

Zone de graphique

Lorsqu'on sélectionne l'arrière-plan, c'est-à-dire la région de l'écran où il n'y a rien, on peut changer le format général du graphique. Cela se limite aux motifs, à la police de caractères par défaut et aux propriétés de la zone. La fenêtre est alors la suivante.

On passe du motif à la police par les onglets situés dans le haut. Dans l'onglet **Motifs**, on peut changer la **Bordure**, soit le contour de l'encadré contenant le graphique, et l'**Aire**, c'est-à-dire la couleur du fond de cette boîte. Les options de l'onglet **Police** permettent de changer le format du texte et sont identiques à celles qu'on trouve lorsqu'on change le texte d'une cellule. L'onglet **Propriétés** permet ou non le déplacement et l'impression du graphique.

Fond du graphique

Lorsque le fond du graphique (zone de traçage) est sélectionné, on ne peut changer que les **Motifs**. Les options de la fenêtre **Motifs** sont les mêmes que dans le cas précédent. Ainsi, la couleur de l'**Aire** et la **Bordure** de la boîte qui contient les courbes peuvent être changées au passage; on peut aussi agrandir le graphique dans l'encadré en glissant les poignées.

Titres et zones de texte

Les titres comprennent celui de chaque axe ainsi que le titre général du graphique. Ces éléments de texte peuvent être dans des boîtes de couleur et on peut, bien entendu, en changer la police de caractères ainsi que l'alignement. Les options sont donc **Motifs**, **Police** et **Alignement**. Le motif et les polices de caractères se modifient de la même façon que dans les cas précédents. L'alignement du texte consiste à le placer dans la boîte qui le contient, un peu comme dans une cellule. D'ailleurs, on y trouve les mêmes options, soit l'alignement horizontal, vertical et la possibilité de tourner le texte de 90°.

Axes

On peut modifier le format des axes de plusieurs façons. D'abord, comme partout ailleurs, on peut changer les **Motifs**. Dans ce cas-ci, cette option ne contient pas la section **Aire**, mais on peut contrôler les lignes de graduation. On peut aussi changer la **Police**, le format des **Nombres** et l'**Alignement**. Toutes ces options s'utilisent de la même façon que dans les cellules. On peut enfin changer l'**Échelle** de l'axe. La figure suivante illustre ces options. On y définit la valeur minimale et maximale que doit prendre l'axe. On peut aussi régler les unités de graduation principale et secondaire (les valeurs n'apparaissent, sur le graphique, que sur les unités principales de graduation). Enfin, on peut contrôler l'ordre des graduations et la position où se coupent les axes.

Quadrillage

Le quadrillage peut être changé en pointant sur une de ses lignes dans le graphique. On obtient alors deux options, soit les **Motifs** et l'**Échelle**. Les **Motifs** permettent de changer l'apparence des lignes. On peut, par exemple, choisir un trait pointillé, plutôt que continu, ce qui a pour avantage d'être plus discret. Quant à l'**Échelle**, on y trouve les mêmes options que dans le format des axes.

Point de données

Pour sélectionner un point de données, il faut cliquer deux fois lentement (sans faire un double clic), car le premier clic sélectionne toute la série de données tandis que le deuxième ne sélectionne que le point où l'on pointe. Trois options sont alors offertes. Les **Motifs** sont identiques aux cas précédents, sauf qu'on peut y changer la bordure (la ligne qui relie les points) et la forme des points en question. Pour ce qui est du format d'**Étiquette**, il s'agit de choisir entre afficher la valeur, le texte ou le pourcentage que représente la donnée. Ces options sont exactement les mêmes qu'au moment de créer l'étiquette et le menu est identique à celui qui a été présenté précédemment. Enfin, à l'aide des options, on peut préciser la largeur de l'intervalle entre les courbes.

Série de données

La série de données ressemble un peu au point de données, sauf qu'elle comporte tous les points d'une courbe. On trouve donc une option qui permet de changer le **Motif** et l'**Étiquette** de tous les points de données de la courbe. Ces deux options sont identiques au cas précédent.

Par l'onglet **Sélection de l'axe** de cette option, il est possible de créer un deuxième axe des Y qui sera à droite du graphique, auquel sera associée la courbe sélectionnée seulement. Nous avons vu comment faire à la section intitulée «Autres éléments à ajouter ou à enlever», page 68.

Enfin, l'onglet **Barre d'erreur Y** de cette fenêtre permet d'indiquer une marge d'erreur sur le graphique. La figure suivante montre les options de cet onglet. Dans la figure, on peut voir qu'on a choisi une barre au-dessus et en dessous, c'est-à-dire une marge d'erreur positive et négative. Celle-ci peut être calculée de façon différente: par une valeur fixe, un pourcentage, un calcul d'écart type, une erreur type ou une valeur personnalisée. La figure montre une erreur de plus ou moins 5 %. Sur le graphique, un trait sera dessiné au-dessus et en dessous de chaque point de la série pour illustrer cette marge d'erreur. On se sert de cette option lorsque le graphique représente des valeurs approximatives ou statistiques, comme un sondage ou une expérience scientifique ayant une certaine marge d'erreur.

Légende

Le format de la légende peut aussi être corrigé. Les **Motifs**, la **Police** et l'**Emplacement** sont les options offertes. Comme dans les autres cas, le motif permet de changer la bordure et les couleurs de la boîte alors que la police est utilisée pour changer l'apparence du texte de la légende. L'emplacement permet de choisir la position de la légende dans le graphique. Les choix sont en haut, en bas, à droite, à gauche ou dans un coin. La façon d'inscrire le texte variera selon l'emplacement choisi. On peut toujours déplacer la légende en utilisant la souris, mais le contenu ne s'adapte pas, dans ce cas, à la nouvelle position comme c'est le cas avec cette option.

Dessins

Tous les dessins qu'on ajoute au graphique peuvent être modifiés. Comme il a déjà été mentionné, les poignées qui entourent le dessin sélectionné permettent de changer sa dimension, mais un double clic permet de changer son apparence. On peut alors modifier les motifs du dessin seulement, sauf pour les boîtes de texte, ou on peut aussi changer la police et l'alignement des caractères.

Le bouton **Dessin** de la barre d'outils permet de mieux contrôler les dessins qui se croisent. La rubrique **Ordre** du menu qui s'affiche permet de placer un dessin au **Premier plan** ou à l'**Arrière-plan** par rapport aux autres.

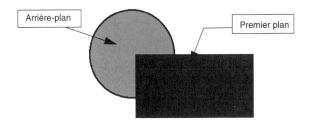

OPTIONS PARTICULIÈRES DE MISE EN FORME

Toutes les options décrites jusqu'à maintenant sont accessibles par un double clic ou par la première option du menu **Format**. Elles permettent de corriger la mise en forme d'une partie précise du graphique. Le menu **Graphique** offre, par contre, d'autres options qui modifient l'ensemble de la présentation du graphique.

INSÉRER UNE COURBE DE TENDANCE

Grâce au menu **Graphique**, on peut aussi définir une courbe de tendance pour certains graphiques. Seul les graphiques à barres, en histogrammes, en courbes et en nuage de points à deux dimensions peuvent avoir cette option. Elle est surtout utilisée lorsque le graphique comprend plusieurs points et qu'on désire illustrer une approximation du genre de courbe qu'ils représentent. Après avoir sélectionné la série de données, il faut choisir l'option **Insertion d'une courbe de tendance** du menu **Graphique**. En utilisant l'onglet **Type,** on sélectionne alors le genre de courbe recherchée dans la fenêtre, selon la tendance recherchée pour les points.

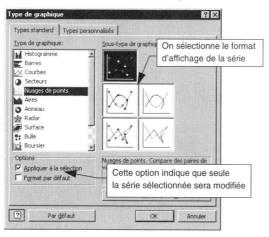

TYPE DE GRAPHIQUE

Une autre option que l'on peut utiliser, après avoir sélectionné une série de données, est **Type de graphique** du menu **Graphique**. Celle-ci permet de modifier le type de graphique que l'on a créé. Bien que nous ayons déjà vu comment faire cette modification, cette option nous permet, dans ce cas-ci, de changer le type de la série sélectionnée seulement et ainsi de construire un graphique combiné, en choisissant soi-même le genre de courbe. La boîte de dialogue de ce menu est la suivante:

FORMAT AUTOMATIQUE

Le format automatique reprend la première étape de l'**Assistant graphique**. On y choisit le format du graphique, mais à partir de formats prédéfinis dans Excel. Toutes les options de mise en forme sont alors modifiées par Excel afin d'obtenir exactement le format demandé. Il faut donc éviter d'essayer cette option une fois que le graphique est terminé. On l'utilise plutôt lorsqu'on désire changer le format général du graphique, avant de faire le reste de la mise en forme. Dans l'exemple qui suit, vous voyez un format de **Types personnalisés**, sélectionné parmi les **Types prédéfinis**, qui affiche les données à l'aide de **Cônes**.

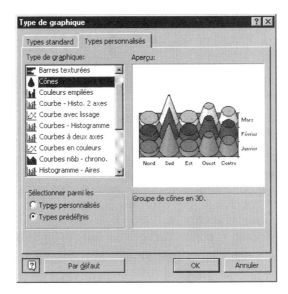

Vue 3D

Les graphiques en 3D ont une fonction supplémentaire qui permet de changer l'orientation du graphique, un peu comme si on pouvait en faire le tour. La vision tridimensionnelle du graphique peut être changée par le menu **Format**.

MARCHE À SUIVRE

1. Choisir le type de graphique 3D voulu.

2. Dans le menu **Graphique**, choisir l'option **Vue 3D** (la boîte de dialogue suivante apparaît).

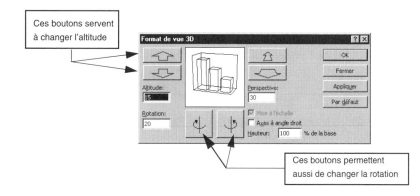

Ces boutons servent à changer l'altitude

Ces boutons permettent aussi de changer la rotation

3. Utiliser les cases illustrant des flèches vers le haut ou le bas, dans le coin supérieur gauche de la boîte de dialogue pour changer la perspective, ou taper une nouvelle valeur dans la case **Altitude**.

4. Utiliser les flèches tournant autour d'un axe pour tourner le graphique ou inscrire une nouvelle valeur dans la case **Rotation**.

5. Augmenter ou diminuer la valeur de la case **Hauteur** pour accentuer ou réduire l'effet tridimensionnel du graphique.

6. Utiliser le bouton **Appliquer** pour voir le résultat.

7. Utiliser le bouton **Par défaut** pour tout remettre comme avant.

8. Cliquer sur **OK** lorsque tout est terminé.

La case **Mise à l'échelle** force Excel à utiliser toute la fenêtre pour afficher le graphique, tandis que la case **Axes à angle droit** sert plutôt dans les graphiques à barres, par exemple, à placer les axes X et Y à angle droit (90°).

PARTICULARITÉ DES GRAPHIQUES EN SECTEUR

Les graphiques en secteur ont ceci de particulier: on peut déplacer une (ou plusieurs) pointe(s) du graphique. Or, en procédant de la sorte, on peut facilement mettre en évidence un secteur qui serait autrement confondu avec les autres.

La figure suivante illustre cette fonction. Voyez comment la pointe est mise en évidence:

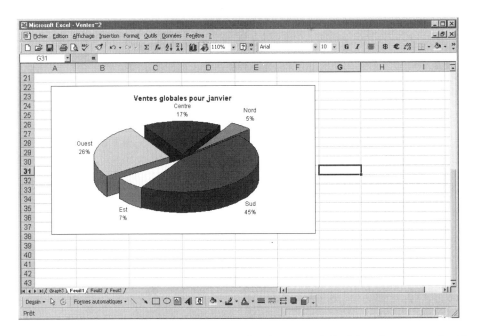

Pour faire ressortir une pointe, il faut la sélectionner puis la faire glisser vers l'extérieur en utilisant la souris. À l'opposé, il faut la faire glisser de la même façon, mais vers l'intérieur, pour la replacer. Si le graphique complet est sélectionné (et non une seule pointe), on fait alors exploser toutes les pointes du graphique. On fait de même pour les replacer.

IMPRIMER LES GRAPHIQUES

Imprimer un graphique est relativement simple. Il y a toutefois quelques petits détails qu'il faut savoir afin de le faire avec succès.

Dans un premier temps, les graphiques qui sont créés dans des feuilles de calcul séparées ne peuvent être imprimés avec le tableau contenant les données. Il faut pour cela créer le graphique dans la même feuille de calcul que le tableau.

Ensuite, il faut savoir qu'Excel n'imprimera que le graphique, sans tableau, si on imprime tout en étant en mode **Édition** du graphique. Il est alors impossible d'imprimer le graphique et le tableau sur la même page. Excel agrandira plutôt le graphique afin qu'il s'imprime sur toute la page.

Pour éviter cette situation, il suffit de cliquer à l'extérieur du graphique, dans une cellule de la feuille. Les poignées de dimension disparaissent autour du graphique et on peut imprimer les cellules et le graphique.

Pour vérifier cette situation, vous pouvez double-cliquer sur un graphique situé dans une feuille de calcul (celui de l'exercice 3.2, par exemple). Puis, en utilisant l'**Aperçu avant impression**, vérifiez que le tableau n'apparaît pas dans la page. Enfin, après avoir cliqué à l'extérieur du graphique dans une cellule de la feuille de calcul, allez de nouveau vérifier l'**Aperçu avant impression**. Le tableau devrait être inclus cette fois-ci.

3.3      EXERCICE

Cet exercice permet de mettre en pratique la mise en forme des graphiques.

> À partir du graphique créé à l'exercice 3.1 dans le fichier **FOYERS**, faites les modifications nécessaires afin qu'il devienne semblable à celui qui est illustré dans la figure suivante.

Les modifications les plus importantes sont l'ajout du titre et des dessins, le déplacement de la légende, les changements de motifs sur les courbes, l'arrière-plan, le fond du graphique et la légende. L'étiquette de la barre du bois d'allumage a aussi été ajoutée. On a également changé les marques de graduation de l'axe des X pour inclure les marques secondaires.

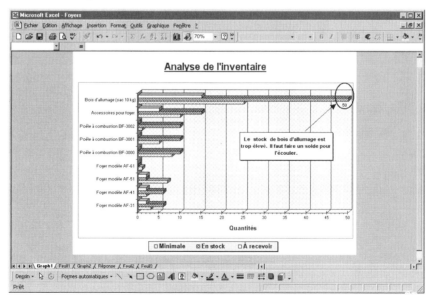

 **EXERCICE**

3.4

Cet exercice permet de mettre en pratique la mise en forme des graphiques.

Modifiez le graphique de l'exercice 3.2 afin qu'il devienne comme celui de la figure suivante. Imprimez ensuite la feuille, y compris le tableau et le graphique.

Dans cet exercice, il faut changer le type de graphique pour qu'il soit en secteurs 3D. Il faut éclater les pointes du graphique et y placer les étiquettes contenant le nom du vendeur et le pourcentage. La vue 3D, les motifs et les polices ont aussi été changés. Finalement, l'image **poisson.wmf** (prise dans la banque d'images de Word) a été ajoutée à côté du titre.

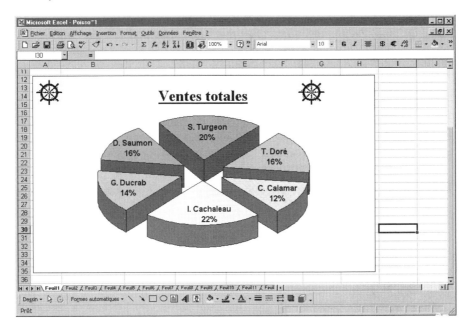

Chapitre 4

MISE EN FORME AVANCÉE

Objectif général

Appliquer des mises en forme avancées à des cellules.

Objectifs spécifiques

Être en mesure:

- ✓ de créer des formats numériques personnalisés;

- ✓ d'effectuer des mises en forme conditionnelles;

- ✓ d'ajouter des liens hypertextes.

PERSONNALISER LE FORMAT DES NOMBRES

En plus de tous les formats numériques offerts, Excel permet d'en créer d'autres, selon vos propres critères. Bien que les codes ressemblent à ceux que nous avons déjà vus, vous devez d'abord bien comprendre la syntaxe des formats et des codes possibles.

LA SYNTAXE

Quatre parties composent la syntaxe de tous les formats. La première partie concerne l'affichage du nombre s'il est positif, la deuxième, le format du nombre lorsqu'il est négatif. En troisième partie, on retrouve ce qui doit être affiché si le nombre a pour valeur 0 (zéro). En dernier lieu se trouve ce qui doit apparaître si l'utilisateur écrit autre chose qu'un nombre.

Positif ; Négatif ; 0 ; Autre

Dans cette syntaxe, chaque partie est séparée par un point-virgule (;) et peut être composée de texte ou de codes. Le texte doit toutefois être écrit entre guillemets (" "). Si le contenu d'une partie de la syntaxe n'est pas précisé, Excel affichera les données à sa façon habituelle. Voici un exemple:

"Vous gagnez: "# ##0,00 $;[Rouge]"Vous perdez: "# ##0,00 $;[Vert]"Vide!";"Entrez une valeur!"

Saisie de l'utilisateur	Exemple	Affichage dans la cellule
L'utilisateur tape une valeur positive (Affichage normal en noir)	2233	Vous gagnez: 2 233,00 $
L'utilisateur tape une valeur négative (Affichage en rouge)	-467	Vous perdez: 467,00 $
L'utilisateur tape une valeur égale à 0 (Affichage en vert)	0	Vide!
L'utilisateur tape du texte (Affichage en noir)	ABC	Entrez une valeur!

LES SYMBOLES

Comme vous pouvez le constater, il y a plusieurs symboles possibles, chacun ayant une signification particulière. Vous connaissez déjà les symboles 0, #, %, $ et quelques autres. Toutefois, il en existe un grand nombre, tous plus intéressants les uns que les autres. À vous de les essayer! Le tableau de la page suivante décrit la plupart des codes de formats d'Excel.

SYMBOLES	SIGNIFICATION
0	Affiche toujours un chiffre. S'il n'y a pas de chiffre à cet endroit, il affiche 0. Ainsi, par exemple, 0,00 affiche toujours deux décimales.
#	Affiche un chiffre seulement s'il y en a un. N'affiche rien s'il n'y en a pas.
?	Comme 0, mais affiche une espace au lieu des zéros non significatifs.
, (virgule)	Séparateur de décimales. (Note: le séparateur peut être un point si cela est défini ainsi dans le panneau de contrôle de Windows.)
%	Convertit le nombre en pourcentage en le multipliant par 100 et en ajoutant le signe %.
$	Affiche le symbole monétaire. (Les autres symboles doivent être entre guillemets:" ".)
( )	Affiche les parenthèses.
(espace)	L'espace est utilisée pour séparer les milliers, les millions, les milliards, etc.
E+ E- e+ e-	Symbole utilisé dans la notation scientifique.
$ + - / :	Affiche le symbole tel quel.
_ (soulignement)	Laisse une espace de la même largeur que le caractère suivant. Sert à mieux aligner les données dans la colonne. Par exemple, _a laisse une espace de la même largeur que la lettre a.
m	Dans un format de date, il affiche le mois, en chiffres, sans zéro non significatif (1 à 12). S'il est dans un format d'heure, ce sont les minutes qui sont affichées (0 à 59).
mm	Affiche le mois en chiffres, avec les zéros non significatifs (01 à 12) ou affiche les minutes selon le même format (00 à 59).
mmm	Affiche le mois en lettres abrégées (jan à déc).
mmmm	Affiche le mois en lettres au complet (janvier à décembre).
j	Affiche les jours (1 à 31). Les jours fonctionnent comme les mois. Ainsi jj affiche de 01 à 31, jjj de Lun à Dim et jjjj de Lundi à Dimanche.
aa , aaaa	Affiche les années avec deux chiffres (00 à 99) ou quatre chiffres.
h	Affiche les heures sans zéro non significatif (0 à 23).
hh	Affiche les heures dans le format (01 à 23). Le format de 12 heures avec le code AM/PM.
AM/PM	Change le format de 24 heures pour 12 heures et ajoute AM ou PM.
s	Affiche les secondes de 0 à 59, ou de 00 à 59 en utilisant le code ss.
[ ]	Affiche des heures supérieures à 24 ou les minutes et secondes supérieures à 60. Par exemple, [h]:mm:ss donne 72:00:00 si la cellule contient 3.
[couleur]	Affiche le format dans la couleur précisée. Les couleurs possibles sont noir, bleu, cyan, vert, magenta, rouge, blanc ou jaune. Exemple [Rouge].
"texte"	Affiche le texte précisé entre guillemets. Par exemple: "Entrez une valeur".

L'AJOUT D'UN NOUVEAU FORMAT

La démarche pour définir les formats personnalisés ressemble beaucoup à celle qui nous permet d'utiliser un format prédéfini. Il s'agit de la même boîte de dialogue, sauf que nous utiliserons la catégorie **Personnalisée**.

MARCHE À SUIVRE

1. Sélectionner les cellules à personnaliser.

2. Du menu **Format**, choisir **Cellule**, et la boîte de dialogue suivante apparaît.

3. Choisir l'onglet **Nombre**.

4. Cliquer sur la catégorie **Personnalisée**.

5. Placer le pointeur dans la section **Type**.

6. Effacer, au besoin, le format inscrit dans cette section, et composer le format désiré en respectant la syntaxe vue précédemment.

7. Appuyer sur *Entrée* lorsque terminé, ou cliquer sur **OK**.

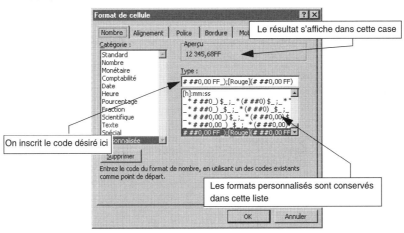

Le format personnalisé illustré à la figure précédente permet d'ajouter FF aux nombres dans les cellules afin de présenter des montants en francs français, sans changer tous les paramètres du **Panneau de configuration** de Windows. Malgré le texte ajouté, on peut quand même faire des calculs sur ces cellules, car il s'agit d'un format (au même titre que le signe dollar).

Un autre exemple intéressant est le format suivant qui permet de saisir des numéros de téléphone sans jamais taper les parenthèses, les espaces ou le tiret.

(###) ###-####

Pour saisir les numéros de téléphone, il suffit alors de taper les chiffres et Excel s'occupe de les afficher correctement. Exemple: 5143878778 donnera (514) 387-8778.

Lorsqu'un format est défini, il est conservé dans la catégorie **Personnalisée.** Pour effacer un format, il suffit de le sélectionner à partir de la même boîte de dialogue et de cliquer sur le bouton **Supprimer**. Les cellules qui possèdent ce format sont alors affichées dans le format standard.

APPLIQUER UNE MISE EN FORME CONDITIONNELLE

Vous savez déjà comment appliquer des mises en forme à vos cellules mais vous aimeriez que celles-ci soient un peu plus dynamiques. Par exemple, il serait agréable de surligner ou de déterminer clairement les éléments de votre budget qui dépassent les projections originales. Cela est possible grâce à la mise en forme conditionnelle.

Dans l'exemple qui suit nous voyons clairement que certaines dépenses sont au-dessus des prévisions.

Microsoft Excel - Exer4-1					
	A	B	C	D	E	F
1	Prévisions budgétaires par poste et par mois				
2		Janv	Févr	Mars	Avr	
3	Loyer	850 $	850 $	850 $	850 $	
4	Électricité	128 $	132 $	136 $	116 $	
5	Chauffage	155 $	165 $	135 $	90 $	
6	Taxes	95 $	95 $	95 $	95 $	
7	Assurances	90 $	90 $	90 $	90 $	
8	Téléphone	35 $	35 $	35 $	35 $	
9						
10	Total	1 353 $	1 367 $	1 341 $	1 276 $	
11						
12						
13						
14						
15	Dépenses opérationnelles par poste et par mois				
16		Janv	Févr	Mars	Avr	
17	Loyer	850 $	850 $	850 $	850 $	
18	Électricité	128 $	132 $	136 $	116 $	
19	Chauffage	146 $	156 $	115 $	100 $	
20	Taxes	95 $	95 $	95 $	95 $	
21	Assurances	90 $	90 $	90 $	90 $	
22	Téléphone	29 $	45 $	125 $	33 $	
23						

Pour produire une telle mise en forme, voici les étapes à suivre.

MARCHE À SUIVRE

1. Sélectionner la cellule qui contient les données à afficher.

2. Choisir la rubrique **Mise en forme conditionnelle...** du menu format.

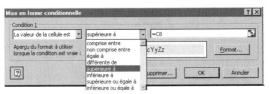

3. La boîte de dialogue suivante apparaît à l'écran. Du premier menu déroulant choisir entre **La formule est** et **La valeur de la cellule est**.

4. Du deuxième menu choisir l'opération à effectuer parmi les choix offerts.

5. Dans la dernière boîte à la droite du deuxième menu, indiquer où se situe l'information qui sert à la comparaison.

6. Sous cette dernière boîte, cliquer sur le bouton **Format**. La boîte de dialogue de mise en forme apparaît. Choisir alors les éléments de mise en forme conditionnelle devant être appliquée à la cellule.

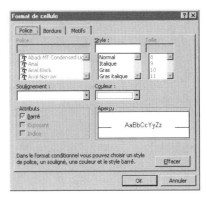

Vous pouvez appliquer plus d'une condition à votre mise en forme condition-nelle. Vous pouvez, par exemple, indiquer par un code couleur si votre investis-sement boursier se situe au-dessus d'un montant cible ou sous une valeur plancher. Dans l'exemple qui suit, si la valeur courante est sous la valeur plan-cher, le chiffre sera rouge. À l'inverse, si la valeur est au-dessus de la valeur cible, le chiffre sera en bleu.

7. Cliquer sur le bouton **Ajouter >>**. Insérer la règle additionnelle. Jusqu'à trois règles de mise en forme peuvent être utilisées.

*Si votre mise en forme utilise des adresses relatives et non des adresses abso-lues (E3 plutôt que $E$3), vous pouvez la recopier soit avec le pinceau de la barre d'outils standard, soit par l'option **Collage spécial...** du menu **Édition**.*

EXERCICE

4.1

Reproduisez le tableau qui suit. Modifiez la mise en forme des données actuelles pour que:

1. le coût du loyer, des taxes et des assurances s'affiche en rouge s'il diffère du montant budgété;

2. le coût de l'électricité et du chauffage s'affiche en bleu sur fond jaune si l'écart avec le montant budgété est de plus ou moins 10 %;

3. le coût du téléphone s'affiche en rouge sur fond gris s'il dépasse de 20 % le montant budgété;

4. le total mensuel s'affiche sur fond gris s'il dépasse de 10 % le montant budgété.

Validez votre mise en forme conditionnelle en modifiant les données actuelles de votre tableau.

Microsoft Excel - Exer4-1					
Fichier Edition Affichage Insertion Format Outils Données Fenêtre ?					
H21	=				
	A	B	C	D	E	F

Prévisions budgétaires par poste et par mois

	A	B	C	D	E
		Janv	Févr	Mars	Avr
Loyer		850 $	850 $	850 $	850 $
Électricité		128 $	132 $	136 $	116 $
Chauffage		155 $	165 $	135 $	90 $
Taxes		95 $	95 $	95 $	95 $
Assurances		90 $	90 $	90 $	90 $
Téléphone		35 $	35 $	35 $	35 $
Total		1 353 $	1 367 $	1 341 $	1 276 $

Dépenses opérationnelles par poste et par mois

	A	B	C	D	E
		Janv	Févr	Mars	Avr
Loyer		850 $	850 $	950 $	850 $
Électricité		128 $	132 $	136 $	116 $
Chauffage		146 $	156 $	115 $	100 $
Taxes		95 $	95 $	95 $	95 $
Assurances		90 $	111 $	90 $	90 $
Téléphone		29 $	45 $	125 $	33 $
Total		1 338 $	1 389 $	1 511 $	1 284 $

AJOUTER DES LIENS HYPERTEXTES DANS UNE CELLULE

Comme vous le savez sans doute maintenant, les produits Microsoft Office sont très intégrés à l'environnement Internet. Une des principales caractéristiques d'Internet est probablement de nous permettre de naviguer rapidement d'un document à l'autre, et ce, grâce aux liens hypertextes.

On reconnaît facilement un lien hypertexte au fait qu'il est généralement de couleur bleue, qu'il est souligné et que, lorsqu'on pointe la souris sur le texte, on voit apparaître un index. Ce pointeur nous indique que, si l'on clique avec la souris sur ce texte, notre fureteur nous amènera directement dans le document visé.

Nous n'aurons pas la prétention ici de décrire toute l'architecture http, nous nous contenterons plutôt d'apprendre à insérer ces liens dans une cellule d'Excel.

La version courante d'Excel nous permet d'insérer un lien hypertexte vers un nouveau fichier, vers un fichier existant ou vers une page Web. La technique utilisée variera légèrement en fonction du type de lien choisi. Nous allons nous concentrer sur les liens vers une page Web et vers un autre fichier.

MARCHE À SUIVRE

1. Sélectionner la cellule qui doit contenir le lien hypertexte.

2. Cliquer avec le bouton droit de la souris et choisir l'option **Lien hypertexte**.

3. Choisir le bouton **Fichier ou page Web existant(e)** dans la boîte qui apparaît dans la colonne de gauche.

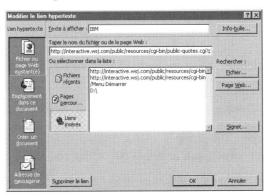

4. Sous la rubrique **Rechercher**, cliquer sur **Fichiers...** pour trouver le fichier voulu ou sur **Page Web...** pour démarrer votre fureteur et permettre de naviguer jusqu'à la page voulue.

*Si vous avez cliqué sur **Page Web...**, votre fureteur aura démarré (si ce n'est déjà fait) et, en naviguant, l'adresse de la page apparaîtra automatiquement dans la boîte de texte. Vous pouvez ainsi inscrire directement l'adresse de cette page dans la boîte.*

Une liste contient l'adresse des derniers sites visités.

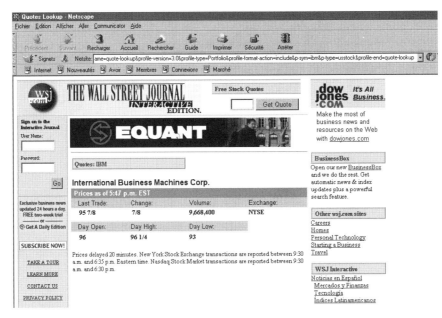

*Si vous avez cliqué sur **Fichiers...** la boîte de recherche de fichiers traditionnelle vous permet de déterminer le fichier à ouvrir.*

Une info-bulle apparaît près de la cellule pour indiquer l'adresse du lien créé. On peut en modifier le contenu en cliquant sur le bouton **Info-Bulle...** de la boîte de dialogue. Il s'agit maintenant de pointer la souris sur l'adresse pour en voir le contenu.

Pour modifier un lien hypertexte, il suffit de cliquer avec le bouton droit de la souris sur le lien, de choisir l'option **Lien hypertexte** et la sous-rubrique **Modifier le lien...** L'image qui suit en montre un exemple.

Si vous cliquez avec le bouton gauche, vous activez le lien.

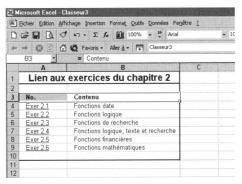

4.2  EXERCICE

Dans cet exercice, vous allez relier des cellules avec d'autres fichiers Excel.

1. Reproduisez le tableau qui suit.

2. Dans la colonne A, on trouve le numéro de l'exercice et dans la colonne B une brève description du contenu.

3. Modifiez le contenu de la colonne A de sorte que son contenu devienne des liens hypertextes vers vos documents contenant lesdits exercices.

Chapitre 5

GESTION DE PLUSIEURS FEUILLES

Objectif général

Savoir manipuler plusieurs feuilles en les regroupant dans un classeur ou dans des fichiers séparés.

Objectifs spécifiques

Être en mesure:

✓ de créer, d'ouvrir et de manipuler un classeur;

✓ de grouper les feuilles;

✓ de manipuler plusieurs feuilles en même temps;

✓ d'imprimer un classeur.

UTILISATION DE PLUSIEURS FEUILLES

Afin d'obtenir des tableaux plus simples, tout en ayant autant, sinon plus d'informations, on peut les diviser en sous-tableaux. Par exemple, à la place d'un immense tableau des revenus et dépenses pour toute une année, pour tous les services de l'entreprise, on pourrait préparer un tableau par mois montrant les dépenses et revenus par service. Ou bien on pourrait construire un tableau par service montrant les revenus et dépenses par mois. Bref, cela revient à créer des tableaux en trois dimensions.

Cette fonction, outre qu'elle allège chaque tableau, présente des avantages sur le plan de leur création. En effet, dans ce type de document, il suffit de préparer le premier tableau et de le copier dans les autres pages du classeur. Comme il s'agit toujours des mêmes adresses dans des feuilles différentes, il arrive que cela simplifie l'opération. De plus, il y a une protection accrue dans le cas où l'on aurait effacé quelques lignes ou quelques colonnes sans s'en rendre compte: cela n'aura affecté que le tableau d'une feuille et non les autres. La perte d'information serait donc moins probable.

Voyons cette méthode à l'aide d'un exemple. La figure suivante illustre une façon d'établir le calcul des revenus et des dépenses d'une entreprise par trimestre. S'il est important d'imprimer les résultats de sorte qu'on trouve un seul trimestre par page, on peut prévoir de créer un tableau différent pour chaque trimestre. Cela a pour effet de faciliter l'impression, car les tableaux sont toujours prêts.

Or, on peut, comme dans la figure, décider de créer tous ces tableaux sur la même feuille de calcul, mais plusieurs problèmes surgiront au fur et à mesure qu'on utilisera le fichier. Cette méthode était la plus populaire il y a quelques années, mais c'était avant que le concept de multi-feuilles ne soit programmé.

Le premier problème est qu'il faut faire attention à ne pas supprimer une colonne ou une ligne complète, à moins de vouloir l'enlever dans *tous* les tableaux. D'autre part, des fonctions aussi simples qu'appliquer une bordure aux cellules requièrent maintenant une attention particulière, car si on sélectionne une ligne entière, les autres tableaux s'en trouveront modifiés et ce n'est pas toujours le résultat voulu.

L'impression causera aussi des problèmes. Il faudra redéfinir la zone d'impression chaque fois qu'on imprimera un trimestre différent. Et si, par malheur, un des trimestres devient plus grand que les autres, il faudra modifier la mise en page avant chaque impression.

Finalement, la manipulation d'un tel tableau n'est jamais évidente. Dans la figure, la valeur de zoom a été réduite à 75 % afin de voir où sont tous les tableaux, mais il n'est certes pas pratique de travailler ainsi. Néanmoins, même ainsi, il est impossible de tout voir. Il faut toujours défiler à droite et à gauche, en haut ou en bas, pour passer d'un trimestre à l'autre.

On évitera donc cette vieille méthode devenue, avec le temps, inadéquate. Pour pallier le problème, d'autres décideront, comme dans la figure suivante, de créer chaque tableau dans un fichier différent. De cette façon, on règle certainement tous les problèmes d'impression, mais que dire de la gestion de fichiers que cela nécessite!

Si cinq fichiers, dans ce cas seulement, servent à une même tâche, combien de fichiers obtiendrez-vous après quelque temps et comment vous y retrouverez-vous ?

De plus, le simple passage d'un trimestre à l'autre exige l'ouverture d'un fichier différent. Les opérations seront alors beaucoup plus lentes.

Lorsqu'une formule requiert une donnée d'un autre trimestre, un autre problème se présente: il faut aller chercher cette valeur dans l'autre fichier. Certains iront la réécrire dans l'autre fichier, mais la meilleure façon d'y parvenir est d'indiquer, dans la formule, que la donnée se trouve dans un autre fichier. Nous verrons comment procéder plus loin dans ce chapitre. Mais s'il est vrai que cela peut se faire de façon efficace, ce n'est pas la meilleure solution parce qu'elle est beaucoup plus compliquée. On réservera ce genre d'opération pour les cas où l'on n'a pas d'autre choix.

C'est pour toutes ces raisons que le concept de multi-feuilles est devenu aussi important dans Excel. La meilleure façon de créer le tableau de l'exemple précédent est d'utiliser une page différente pour chaque trimestre.

Dans la figure qui suit, une nouvelle feuille appelée sommaire ne contiendra que des totaux. Chacune des autres contient le détail d'un trimestre. Il y aura cinq feuilles en tout, indépendantes et dotées de leur propre mise en page.

Comme les pages sont indépendantes, on peut faire n'importe quel changement de mise en forme et seules les cellules de cette feuille seront changées (à moins d'utiliser une fonction spéciale, vue plus loin, qui permet de procéder autrement). Chaque page a aussi sa propre zone d'impression; il n'est donc pas nécessaire de la redéfinir. Toutes ces pages forment un seul fichier. Les trimestres sont donc plus faciles à trouver et les formules peuvent facilement utiliser des valeurs prises dans d'autres trimestres (d'autres feuilles).

	A	B	C	D	E	F	G
2	**Revenus**						
3	Ventes de produits	100 000 $	110 000 $	95 000 $	305 000 $		
4	Services offerts	72 000 $	65 000 $	89 000 $	226 000 $		
5	**TOTAL des revenus**	**172 000 $**	**175 000 $**	**184 000 $**	**531 000 $**		
6							
7	**Dépenses**						
8	Frais fixes	32 000 $	32 000 $	32 000 $	96 000 $		
9	Matériaux	28 000 $	36 000 $	18 000 $	82 000 $		
10	Salaires	75 000 $	90 000 $	80 000 $	245 000 $		
11	**TOTAL des dépenses**	**135 000 $**	**158 000 $**	**130 000 $**	**423 000 $**		
12							
13	**Recette**	**37 000 $**	**17 000 $**	**54 000 $**	**108 000 $**		

Les trimestres sont accessibles par les onglets du bas

1er Trimestre / 2e Trimestre / **3e Trimestre** / 4e Trimestre /

Il n'y a pas de fonctions spéciales à activer avant d'utiliser d'autres feuilles car, dès le départ, elles sont toujours disponibles (c'est pour cette raison qu'Excel appelle ses fichiers des «classeurs»). Il suffit donc de pointer dans une autre feuille afin de faire un autre tableau. Pour passer d'une feuille à l'autre, on utilise les onglets situés au bas de l'écran. Lorsqu'on enregistre un fichier, toutes les feuilles utilisées sont sauvegardées sur le disque en même temps. Ici encore, il n'y a pas d'opérations particulières à effectuer.

Toutefois, un certain nombre de fonctions permettent de mieux gérer l'utilisation des feuilles. Entre autres, on peut changer le nom des feuilles pour mieux les reconnaître, changer l'ordre des feuilles ou les copier. Il est aussi possible de grouper des feuilles pour faire des changements qui apparaîtront dans toutes les feuilles du groupe. Les paragraphes qui suivent traitent de ces fonctions.

CHANGER LE NOM D'UNE FEUILLE

Au départ, Excel donne les noms Feuil*1*, Feuil*2*..., Feuil*x* aux feuilles d'un classeur. Ces noms peu descriptifs peuvent être modifiés lorsque c'est nécessaire. Pour changer le nom d'une feuille, on peut utiliser les menus standard, contextuels, ou un raccourci avec la souris. Dans tous les cas, la même boîte de dialogue apparaît et il ne reste qu'à inscrire le nouveau nom.

 MARCHE À SUIVRE

1. Appuyer sur le bouton de droite de la souris pour appeler le menu contextuel en pointant sur l'onglet de la feuille à renommer.

   OU

   En étant dans la feuille à renommer, choisir l'option **Feuille** du menu **Format**.

2. Choisir ensuite l'option **Renommer** et l'onglet de la feuille apparaît en mode **Mise à jour de texte**.

3. Inscrire le nouveau nom de la feuille.

4. Appuyer sur la touche *Entrée*.

20				
21				
22				
23				

◄ ◄ ► ►◄ \ **1er trim**estre \ 2e trimestre \ 3e trimestre \ 4e trimestre \

Prêt

5. Double-cliquer sur l'onglet désignant la feuille voulue.

6. Inscrire le nouveau nom de la feuille dans la fenêtre illustrée.

7. Appuyer sur la touche *Entrée*.

DÉPLACER OU COPIER UNE FEUILLE
DANS LE CLASSEUR

On peut changer l'ordre des feuilles dans le classeur afin de mieux structurer les données. Pour ce faire, on peut utiliser la souris ou les mêmes menus que pour renommer la feuille. Cette opération est surtout importante lorsqu'on imprime plusieurs feuilles en même temps et que les pages sont numérotées.

 MARCHE À SUIVRE

1. Appuyer sur le bouton de droite de la souris pour appeler le menu contextuel en pointant sur l'onglet de la feuille voulue.

    OU

    En étant dans la feuille voulue, choisir le menu **Édition**.

2. Choisir ensuite l'option **Déplacer ou copier une feuille** et la fenêtre suivante apparaît.

3. Si le classeur de destination n'est pas le même, dans la section **Dans le classeur**, choisir le classeur dans lequel il faut déplacer ou copier la feuille (celui-ci doit être ouvert).

4. Dans la section **Avant la feuille**, choisir la feuille devant laquelle il faut déplacer ou copier la feuille (elle sera copiée ou déplacée devant celle qui est choisie).

5. Pour faire une copie, il faut cocher la case **Créer une copie**, sinon il n'y aura qu'un déplacement de la feuille.

6. Cliquer sur **OK** ou appuyer sur la touche *Entrée* pour terminer.

Marche à suivre

1. Cliquer et maintenir le bouton gauche de la souris enfoncé sur l'onglet de la feuille à déplacer ou à copier. Après quelques instants, la souris change de forme et devient comme la figure qui suit.

2. Pour copier la feuille, il faut appuyer sur la touche **Ctrl** du clavier, tout en maintenant le bouton de la souris enfoncé. Le pointeur de souris montre alors un signe plus, tel qu'illustré.

3. Déplacer ensuite la souris jusqu'à la feuille où doit être copiée ou déplacée la feuille sélectionnée (la feuille sera insérée devant cette dernière).

4. Relâcher d'abord le bouton de la souris.

5. Relâcher la touche **Ctrl** si elle a été utilisée.

INSÉRER UNE NOUVELLE FEUILLE OU SUPPRIMER UNE FEUILLE EXISTANTE

Au départ, Excel offre trois feuilles dans le classeur. Bien que ce soit généralement suffisant, il est possible d'ajouter des feuilles supplémentaires à ces dernières. Au total, un classeur peut en contenir 255. De plus, lorsqu'on doit effacer une feuille, il est plus efficace de la supprimer du classeur plutôt que d'effacer le contenu de toutes ses cellules.

Insérer une feuille

Marche à suivre

1. Pointer dans la feuille voulue, en cliquant sur l'onglet qui la désigne.

2. Appuyer sur le bouton de droite de la souris pour appeler le menu contextuel.

3. Sélectionner l'option **Insérer**.

4. Dans la fenêtre qui suit, choisir l'option **Feuille**.

OU

Sélectionner l'option **Feuille** du menu **Insertion**.

Supprimer une feuille

MARCHE À SUIVRE

1. Pointer dans la feuille voulue, en cliquant sur l'onglet qui la désigne.

2. Appuyer sur le bouton de droite de la souris pour appeler le menu contextuel.

3. Sélectionner l'option **Supprimer**.

OU

Sélectionner l'option **Supprimer une feuille** du menu **Édition**.

4. Cliquer sur **OK** au message de confirmation.

CACHER UNE FEUILLE DANS LE CLASSEUR

Si une feuille montre des données confidentielles, il est possible de la cacher temporairement. Cela ne change en rien le reste du classeur, ni les résultats dans les formules, même si la formule utilise des données dans cette feuille cachée. On peut alors imprimer, par exemple, tout le classeur, sans que cette dernière ne s'imprime, puis la remettre en place.

Cacher une feuille

MARCHE À SUIVRE

1. Pointer dans la feuille voulue, en cliquant sur l'onglet qui la désigne.

2. Dans le menu **Format**, choisir l'option **Feuille**.

3. Choisir ensuite l'option **Masquer** et la feuille disparaît.

Remettre une feuille en place

MARCHE À SUIVRE

1. Dans le menu **Format**, choisir l'option **Feuille**, puis **Afficher**.

2. L'ordinateur présente ensuite, dans une fenêtre, la liste des feuilles masquées. Choisir la feuille à remettre en place.

3. Cliquer sur **OK** ou appuyer sur *Entrée* pour terminer.

EXERCICE

Cet exercice permet de se familiariser avec l'utilisation de plusieurs feuilles du classeur.

1. Reproduisez le tableau suivant dans la **Feuil1** d'un nouveau classeur. Il s'agit du bilan des revenus et dépenses d'une entreprise. Vous pouvez aussi faire la mise en forme du tableau afin qu'il ressemble le plus possible à celui de la figure qui suit.

	Janvier	Février	Mars	Total
Revenus				
Ventes de produits	100 000 $	110 000 $	95 000 $	305 000 $
Services offerts	72 000 $	65 000 $	89 000 $	226 000 $
TOTAL des revenus	172 000 $	175 000 $	184 000 $	531 000 $
Dépenses				
Frais fixes	32 000 $	32 000 $	32 000 $	96 000 $
Matériaux	28 000 $	36 000 $	18 000 $	82 000 $
Salaires	75 000 $	90 000 $	80 000 $	245 000 $
TOTAL des dépenses	135 000 $	158 000 $	130 000 $	423 000 $
Recette	37 000 $	17 000 $	54 000 $	108 000 $

2. Une fois le tableau terminé, copiez la feuille pour obtenir trois copies (en plus de l'original). Changez ensuite les noms de feuilles afin d'indiquer que chacune montre un trimestre (trimestres 1 à 4). Changez enfin les noms de mois sur la ligne 1 pour qu'ils coïncident avec les trimestres visés.

Voici le résultat des trimestres 2 et 3 où seuls les titres de colonnes (nom des mois) ont changé.

	Avril	Mai	Juin	Total
Revenus				
Ventes de produits	100 000 $	110 000 $	95 000 $	305 000 $
Services offerts	72 000 $	65 000 $	89 000 $	226 000 $
TOTAL des revenus	172 000 $	175 000 $	184 000 $	531 000 $
Dépenses				
Frais fixes	32 000 $	32 000 $	32 000 $	96 000 $
Matériaux	28 000 $	36 000 $	18 000 $	82 000 $
Salaires	75 000 $	90 000 $	80 000 $	245 000 $
TOTAL des dépenses	135 000 $	158 000 $	130 000 $	423 000 $
Recette	37 000 $	17 000 $	54 000 $	108 000 $

	Juillet	Août	Septembre	Total
Revenus				
Ventes de produits	100 000 $	110 000 $	95 000 $	305 000 $
Services offerts	72 000 $	65 000 $	89 000 $	226 000 $
TOTAL des revenus	172 000 $	175 000 $	184 000 $	531 000 $
Dépenses				
Frais fixes	32 000 $	32 000 $	32 000 $	96 000 $
Matériaux	28 000 $	36 000 $	18 000 $	82 000 $
Salaires	75 000 $	90 000 $	80 000 $	245 000 $
TOTAL des dépenses	135 000 $	158 000 $	130 000 $	423 000 $
Recette	37 000 $	17 000 $	54 000 $	108 000 $

Chapitre 5: Gestion de plusieurs feuilles

GROUPER LES FEUILLES

Il est intéressant de grouper les feuilles afin d'indiquer à Excel d'exécuter une opération sur toutes ces feuilles en même temps. Lorsqu'elles sont groupées, tout changement apporté à l'une s'applique à toutes les autres.

Ainsi, si l'on élargit la colonne A, c'est la colonne A de toutes les feuilles du groupe qui change. De même, si l'on change la police de caractères des cellules A1 à A5, ce sont les cinq premières cellules de la colonne A de toutes les feuilles qui changent. Cette fonction est d'autant plus intéressante lorsqu'il s'agit d'imprimer. Bien qu'Excel traite indépendamment chaque feuille, il peut alors toutes les imprimer d'un seul coup.

Il y a plusieurs façons de sélectionner les feuilles pour créer un groupe. La technique change selon que les feuilles se suivent ou non, et il y a quelques trucs pour les sélectionner toutes. De même, il existe différentes façons d'annuler un groupe.

Grouper quelques feuilles non consécutives

MARCHE À SUIVRE

1. Cliquer sur l'onglet de la première feuille à grouper.

2. Appuyer et maintenir enfoncée la touche *Ctrl* du clavier.

3. Cliquer sur toutes les feuilles à ajouter au groupe. L'onglet de chaque feuille appartenant au groupe reste blanc tant que le groupe est actif.

Grouper toutes les feuilles

MARCHE À SUIVRE

1. Cliquer sur l'onglet de la première feuille à grouper avec le bouton de droite de la souris afin d'activer le menu contextuel.

2. Choisir l'option **Sélectionner toutes les feuilles**. L'onglet de toutes les feuilles devient blanc.

Grouper des feuilles consécutives

MARCHE À SUIVRE

1. Cliquer sur l'onglet de la première feuille à grouper.

2. Appuyer et maintenir enfoncée la touche *Maj (Shift)* du clavier.

3. Cliquer sur la dernière feuille du groupe. L'onglet de chaque feuille appartenant au groupe reste blanc tant que le groupe est actif.

À partir du moment où un groupe est actif, toutes les fonctions sont exécutées sur toutes les feuilles de ce groupe. L'onglet de chaque feuille du groupe est blanc et on voit, dans la barre de titre d'Excel, l'indicateur **[Groupe de travail]**. Lorsque les changements à apporter sont terminés, on peut défaire le groupe.

Défaire une partie du groupe

MARCHE À SUIVRE

1. Maintenir la touche *Maj (Shift)* enfoncée.

2. Cliquer sur une feuille du groupe, et toutes celles qui suivent ne font plus partie du groupe.

3. Cliquer sur la première feuille du groupe pour désactiver tout le groupe.

Enlever une feuille du groupe

MARCHE À SUIVRE

1. Maintenir la touche *Ctrl* enfoncée.

2. Cliquer sur la feuille du groupe à désactiver. L'onglet de cette feuille devient normal pour montrer qu'elle ne fait plus partie du groupe.

Défaire tout le groupe

MARCHE À SUIVRE

1. Cliquer sur un onglet du groupe avec le bouton droit de la souris pour activer le menu contextuel.

2. Sélectionner l'option **Dissocier les feuilles** et le groupe est complètement désactivé.

   OU

   Cliquer sur la première feuille du groupe en maintenant la touche *Maj (Shift)* enfoncée.

   OU

   Cliquer sur l'onglet d'une feuille non groupée.

5.2 **EXERCICE**

Cet exercice permet de se familiariser avec l'utilisation d'un groupe de feuilles.

1. Dans les tableaux de l'exercice précédent (5.1), groupez les feuilles de tous les trimestres (1 à 4). Puis, faites les modifications suivantes sur n'importe quelle feuille du groupe.

   • La colonne A mesure 22 caractères et les autres en mesurent 13.

   • Les cellules A3 et A4 sont en italique et bleues.

   • Les cellules A8 à A10 sont en italique et rouges.

   • Les cellules E3 à E4 ainsi que E8 à E10 ont un motif vert très pâle.

   • Les cellules E5 et E11 sont grises, plus foncées.

   • Les cellules A2 à E2 ainsi que A7 à E7 ont un motif jaune très pâle.

2. Lorsque vous avez terminé, annulez le groupe. Établissez-en alors un autre, regroupant seulement les trimestres 1 et 2, et faites les changements suivants:

   • Les cellules de la ligne 1 sont en Braggadocio, 12 points et gras.

   • La largeur des colonnes B à E est de 14,57 caractères.

3. Annulez ensuite le groupe et vérifiez toutes les feuilles du classeur.

	A	B	C	D	E	F
1		Janvier	Février	Mars	Total	
2	**Revenus**					
3	*Ventes de produits*	100 000 $	110 000 $	95 000 $	305 000 $	
4	*Services offerts*	72 000 $	65 000 $	89 000 $	226 000 $	
5	**TOTAL des revenus**	**172 000 $**	**175 000 $**	**184 000 $**	**531 000 $**	
6						
7	**Dépenses**					
8	*Frais fixes*	32 000 $	32 000 $	32 000 $	96 000 $	
9	*Matériaux*	28 000 $	36 000 $	18 000 $	82 000 $	
10	*Salaires*	75 000 $	90 000 $	80 000 $	245 000 $	
11	**TOTAL des dépenses**	**135 000 $**	**158 000 $**	**130 000 $**	**423 000 $**	
12						
13	**Recette**	**37 000 $**	**17 000 $**	**54 000 $**	**108 000 $**	

LIEN ENTRE LES CELLULES DE FEUILLES DIFFÉRENTES

Lorsqu'on travaille avec plusieurs feuilles en même temps, il arrive que certaines données, nécessaires pour obtenir un résultat, se trouvent sur des feuilles différentes. Il faut, dans ce cas, prévoir cela dans la formule. Une nouvelle partie sera alors ajoutée à cette dernière afin d'établir un lien entre les feuilles, voire avec les fichiers, car on peut aussi faire des liens de la sorte entre fichiers différents.

Prenons l'exemple suivant: un classeur contient quatre feuilles. Chacune possède les données budgétaires d'un trimestre. On décide d'ajouter une cinquième feuille dans laquelle sera calculé le total de toutes les autres feuilles. Elle sera donc le sommaire des autres. Supposons que, dans cette feuille, le total des dépenses pour chaque trimestre se trouve dans la cellule D20. La formule de la feuille sommaire doit alors calculer le total des dépenses pour les premier, deuxième, troisième et quatrième trimestres. Mais comme toutes les cellules à additionner ont la même adresse, on ne peut pas faire la somme de la façon habituelle. Il faut alors préciser le nom de la feuille.

Les adresses

Lorsqu'une formule établit un lien avec d'autres feuilles, les adresses doivent avoir le format suivant:

'chemin[classeur]feuille'!adresse

où:

chemin   est le nom du lecteur et du dossier où est situé le classeur. (Si celui-ci est déjà ouvert, on peut omettre cette partie.)

[classeur]   est le nom du classeur contenant la feuille en question. (Si toutes les feuilles qu'on utilise sont dans le même classeur, on omet cette partie.) Ces deux premiers éléments permettent donc d'établir des liens permanents entre fichiers différents.

feuille   est le nom de la feuille qui contient la cellule voulue.

adresse   est l'adresse de la cellule en question.

Dans ce format, le nom du classeur doit être complet et entre crochets, sans quoi Excel ne reconnaîtra pas le fichier. De plus, un point d'exclamation (!) doit séparer l'identification de la feuille de l'adresse. Si l'on donne le chemin, il faut ajouter une apostrophe au début et après le nom de la feuille.

Les formules

Si, par exemple, dans un fichier appelé BILAN.XLS, on doit multiplier le nombre de la cellule A3 de la feuille appelée MARS par la cellule C20 de la feuille appelée RATIO, provenant d'un autre classeur appelé MOD-23.XLS, la formule devient alors:

=MARS!A3*'a:\[MOD-23.XLS]RATIO'!C20

De la même façon, la formule de l'exemple précédent devient (on suppose que le classeur porte le nom CLASS1.XLS et que les feuilles se nomment trim-1 à trim-4):

=trim-1!D20+trim-2!D20+trim-3!D20+trim-4!D20

Il y a toutefois moyen de simplifier cette formule. D'abord, par l'utilisation de la fonction **SOMME**. Le résultat devient alors:

=SOMME('trim-1'!D20;'trim-2'!D20;'trim-3'!D20;'trim-4'!D20)

Mais aussi, lorsque les tableaux sont identiques sur toutes les feuilles, ou plus particulièrement lorsque la zone à additionner est la même dans toutes les feuilles, on peut énoncer la formule de la façon suivante:

=SOMME('trim-1:trim-4'!D20)

Voilà qui simplifie le travail! Dans cette formule, on donne le nom des feuilles de la même façon qu'on décrit un champ de cellules, c'est-à-dire en donnant le nom de la première et de la dernière feuille seulement, et en les séparant par deux points (:). Après le point d'exclamation, on donne la zone de cellules. Dans notre exemple, on n'utilise qu'une cellule par feuille, on ne retrouve donc qu'une adresse. Mais on aurait pu additionner un champ, comme D20:D40, par exemple, ce qui aurait donné la formule suivante:

=SOMME('trim-1:trim4'!D20:D40).

Un peu d'aide d'Excel?

Vous trouvez tout cela fort compliqué? Qu'à cela ne tienne, vous pouvez tout oublier et laisser Excel composer les adresses pour vous! En effet, si vous composez votre formule à l'aide de la souris, Excel construira les adresses automatiquement, ce qui vous permettra de gagner du temps et peut-être d'éviter des maux de tête!

Pour construire la formule à l'aide de la souris, il faut taper le début de la formule, soit:

=SOMME(

Puis, on utilise la souris et on passe à la première feuille du classeur. On sélectionne les cellules à additionner. On peut alors voir, dans la zone de saisie de données, que les adresses sont ajoutées à la formule.

Pour sélectionner les mêmes cellules dans des pages différentes, il suffit de faire un groupe de travail, comme on l'a vu précédemment dans ce chapitre. Ainsi, il suffit de maintenir la touche **Maj** (**Shift**) enfoncée et de cliquer dans la dernière feuille du groupe pour terminer le travail. Excel compose alors la formule de la même façon que dans le cas précédent où les adresses ont été tapées par l'utilisateur.

Et si les cellules ne sont pas les mêmes dans toutes les pages?

Il arrive dans certains cas que les cellules qu'on doit utiliser pour créer une formule ne soient pas placées aux mêmes adresses d'une feuille à l'autre. Il faut alors prévoir de séparer chaque zone par un point-virgule (;) dans la formule.

Ainsi, après avoir tapé le début de la formule et avoir sélectionné la première zone, on tape le point-virgule et on passe à la feuille suivante. Dans celle-ci, on sélectionne n'importe quelles cellules et on tape un autre point-virgule s'il y a d'autres cellules à sélectionner ailleurs. Lorsque toutes les cellules de toutes les feuilles sont inscrites, il ne reste qu'à fermer la parenthèse et à appuyer sur **Entrée**, ou cliquer sur le crochet vert dans la barre de formules.

En fait, cette technique est tout à fait identique à celle qu'on utilise pour donner plusieurs champs distincts dans une formule. On inscrit alors chaque champ en les séparant d'un point-virgule. La différence, ici, est qu'on passe d'une feuille à l'autre.

LIENS ENTRE FICHIERS

La marche à suivre décrite dans les paragraphes précédents demeure valable pour les liens entre fichiers. La seule différence est qu'il faut ouvrir les fichiers préalablement. Pour passer d'un fichier à l'autre, on peut alors utiliser le menu **Fenêtre** qui affiche le nom de tous les fichiers ouverts.

On peut aussi diviser l'écran en deux parties afin de faciliter la sélection entre les deux fenêtres. Dans l'exemple de la page suivante, on voit une facture à droite dans un fichier. Et à gauche, dans une fenêtre distincte, se trouve un autre fichier contenant les taux de taxation pour la facture.

Diviser l'écran en deux fenêtres

MARCHE À SUIVRE

1. Ouvrir le premier fichier.
2. Ouvrir le deuxième fichier.
3. Dans le menu **Fenêtre**, choisir **Réorganiser**.
4. Dans la boîte de dialogue, illustrée à droite, choisir **Vertical** ou **Horizontal**.

Réorganiser

Réorganiser
- Mosaïque
- Horizontal
- Vertical
- Cascade

Fenêtres du classeur actif

OK   Annuler

Le résultat montre les deux fichiers dans leur fenêtre respective, mais simultanément. Pour faire le calcul des taxes, on inscrit dans les cellules E14 et E15 une formule qui récupère le taux de taxation dans l'autre fichier. Ainsi, si le taux change, il suffit de faire le changement dans le fichier **Taxes.xls** (à gauche) et tous les fichiers qui y sont liés subiront automatiquement le même changement.

On utilise surtout cette technique dans deux circonstances: lorsque plusieurs fichiers utilisent une donnée commune ou lorsqu'une donnée est mise à jour régulièrement par une autre personne.

Comme dans l'exemple, si plusieurs fichiers utilisent le taux de taxation et que chacun fait référence au même fichier **Taxes.xls**, il suffit de changer celui-ci pour appliquer un nouveau taux de taxation à toutes les factures.

D'autre part, il arrive qu'une donnée soit contrôlée par quelqu'un d'autre que vous. Si cette personne peut créer un fichier contenant cette donnée, il suffit alors de faire le lien entre vos tableaux et le sien pour s'assurer d'avoir toujours des données à jour.

5.3 **EXERCICE**

Cet exercice permet de se familiariser avec les liens entre les cellules des feuilles.

Dans le classeur créé à l'exercice 5.2, changez les données des feuilles 2e trimestre, 3e trimestre et 4e trimestre afin d'obtenir les résultats suivants:

1. Les ventes de produits sont mois pour mois plus élevées de 10 %, par rapport à la feuille précédente.

2. Les services offerts sont plus élevés de 5 % par rapport à la feuille précédente.

3. Toutes les dépenses restent identiques, sauf les matériaux, qui augmentent de 20 % par rapport à la feuille précédente.

Le tableau final devrait être le suivant (2e trimestre):

Microsoft Excel - Recett'3

D9 = ='1er trimestre'!D9*1,2

	Avril	Mai	Juin	Total
Revenus				
Ventes de produits	110 000 $	121 000 $	104 500 $	335 500 $
Services offerts	75 600 $	68 250 $	93 450 $	237 300 $
TOTAL des revenus	185 600 $	189 250 $	197 950 $	572 800 $
Dépenses				
Frais fixes	32 000 $	32 000 $	32 000 $	96 000 $
Matériaux	33 600 $	43 200 $	21 600 $	98 400 $
Salaires	75 000 $	90 000 $	80 000 $	245 000 $
TOTAL des dépenses	140 600 $	165 200 $	133 600 $	439 400 $
Recette	45 000 $	24 050 $	64 350 $	133 400 $

1er trimestre / 2e trimestre / 3e trimestre / 4e trimestre / Sommaire / Feuil5 / Feuil6 / Feuil7 / Mauvais

5.4 **EXERCICE**

Cet exercice permet de se familiariser avec les liens entre les cellules des feuilles.

Sur une nouvelle feuille du classeur, que vous allez nommer **Sommaire**, construisez le tableau suivant. Puis, en n'utilisant *que des formules*, inscrivez les résultats dans les cellules. Les formules puisent évidemment leurs données dans les autres feuilles, en créant des liens entre celles-ci.

Le tableau final devrait être le suivant:

	1er trimestre	2e trimestre	3e trimestre	4e trimestre	Total
Revenus					
Ventes de produits	305 000 $	335 500 $	369 050 $	405 955 $	1 415 505 $
Services offerts	226 000 $	237 300 $	249 165 $	261 623 $	974 088 $
TOTAL des revenus	**531 000 $**	**572 800 $**	**618 215 $**	**667 578 $**	**2 389 593 $**
Dépenses					
Frais fixes	96 000 $	96 000 $	96 000 $	96 000 $	384 000 $
Matériaux	82 000 $	98 400 $	118 080 $	141 696 $	440 176 $
Salaires	245 000 $	245 000 $	245 000 $	245 000 $	980 000 $
TOTAL des dépenses	**423 000 $**	**439 400 $**	**459 080 $**	**482 696 $**	**1 804 176 $**
Recette	**108 000 $**	**133 400 $**	**159 135 $**	**184 882 $**	**585 417 $**

5.5 EXERCICE

Cet exercice permet de se familiariser avec les liens entre fichiers.

1. Fermez le classeur de l'exercice précédent s'il est toujours à l'écran, et ouvrez un nouveau fichier vierge.

2. Créez-y le tableau qui suit. Il représente les données moyennes de l'année dernière pour la même entreprise qu'aux exercices précédents.

   Ces données sont actuellement statiques puisque nous n'avons pas créé de classeur pour l'année précédente.

   Enregistrez ce tableau sous le nom **Bilan**.

3. Puis, ouvrez de nouveau le classeur de l'exercice précédent. Changez ensuite les valeurs du mois de janvier pour qu'elles prennent les valeurs du fichier **Bilan**, augmentées de 25 %.

Le résultat du 1er trimestre et du sommaire apparaît à la deuxième figure. Essayez ensuite de faire varier les chiffres dans le fichier **Bilan**. Vous pourrez constater que l'autre fichier se modifie automatiquement, autant pour le mois de janvier que pour le sommaire.

Microsoft Excel - Bilan

Fichier Edition Affichage Insertion Format Outils Données Fenêtre ?

E16

	A	B	C	D	E	F	G
1		Moyenne					
2	**Revenus**						
3	*Ventes de produits*	83 333 $					
4	*Services offerts*	58 333 $					
5	TOTAL des revenus	141 667 $					
6							
7	**Dépenses**						
8	*Frais fixes*	25 000 $					
9	*Matériaux*	33 333 $					
10	*Salaires*	70 833 $					
11	TOTAL des dépenses	129 167 $					
12							
13	**Recette**	12 500 $					
14							
15							
16							
17							
18							

Feuil1 / Feuil2 / Feuil3 /

Dessin Formes automatiques

Prêt

Microsoft Excel - Recett~4

Fichier Edition Affichage Insertion Format Outils Données Fenêtre ?

B3   =[Bilan.xls]Feuil1!$B$3*1,25

	A	B Janvier	C Février	D Mars	E Total	F	G	H
1								
2	**Revenus**							
3	*Ventes de produits*	104 167 $	110 000 $	95 000 $	309 167 $			
4	*Services offerts*	72 917 $	65 000 $	89 000 $	226 917 $			
5	TOTAL des revenus	177 083 $	175 000 $	184 000 $	536 083 $			
6								
7	**Dépenses**							
8	*Frais fixes*	31 250 $	32 000 $	32 000 $	95 250 $			
9	*Matériaux*	41 667 $	36 000 $	18 000 $	95 667 $			
10	*Salaires*	88 542 $	90 000 $	80 000 $	258 542 $			
11	TOTAL des dépenses	161 458 $	158 000 $	130 000 $	449 458 $			
12								
13	**Recette**	15 625 $	17 000 $	54 000 $	86 625 $			
14								

1er trimestre / 2e trimestre / 3e trimestre / 4e trimestre / Sommaire / Feuil7 / Mauvaise technique / Fe

Dessin Formes automatiques

Prêt

IMPRIMER UN CLASSEUR

L'impression du classeur d'Excel n'est pas aussi simple que celle d'une feuille. Plusieurs choix s'offrent à l'utilisateur. D'une part, il faut sélectionner les feuilles du classeur à imprimer. D'autre part, il faut choisir la mise en page. Les paragraphes qui suivent donnent quelques conseils concernant ces choix.

Mise en page identique pour toutes les feuilles

Lorsque le classeur contient un tableau identique dans toutes ses feuilles (par exemple, les 12 mois de l'année sur 12 pages), on désire généralement établir une mise en page identique pour chacune d'elles.

La marche à suivre est alors simple car il suffit de grouper ces feuilles, tel que présenté précédemment, avant de faire la mise en page. Quand les feuilles forment un groupe de travail, les options de mise en page s'appliquent à toutes les feuilles du groupe.

Mais il y a une réserve à cette démarche. En effet, *on ne peut pas changer la mise en page à partir de l'aperçu avant impression*, et ce, même si les pages sont groupées. L'**Aperçu avant impression** demeure donc un moyen de faire une mise en page indépendante sur chaque page en tout temps. Dans ce cas, voici comment changer toutes les pages:

Changer la mise en page de plusieurs pages

 MARCHE À SUIVRE

1. Sélectionner les pages voulues en créant un groupe de travail.

2. Dans le menu **Fichier**, choisir **Mise en page** (ne pas choisir **Aperçu**).

3. Régler toutes les options voulues dans chaque onglet.

4. Cliquer ensuite sur le bouton **Aperçu** pour voir le résultat, ou sur **OK** pour revenir à l'écran normal.

Mise en page différente pour chaque feuille

Lorsque le classeur contient des tableaux différents dans ses feuilles, on n'utilise pas la même démarche, car il faut considérer la dimension de chaque tableau de façon indépendante. Or, nous avons déjà établi que l'**Aperçu avant impression** permet une telle mise en page. Dans ce cas, il faut régler la première page, puis passer à la deuxième, et recommencer de cette façon pour chaque page.

Bien que ce soit moins efficace, on peut faire la même chose sans passer par l'aperçu car le menu **Fichier** - **Mise en page** permet d'accéder aux mêmes options. Or, si aucun groupe de travail n'a été créé, il traite les pages une par une.

L'impression de plusieurs pages

Une fois la mise en page terminée, il ne reste qu'à imprimer. Mais ici encore, ce ne sont pas les choix qui manquent.

D'une part, si les feuilles sont groupées, on peut imprimer à partir de l'aperçu. Le groupe complet sera alors imprimé. Mais on peut aussi le faire par le menu **Fichier** - **Imprimer**. En conservant l'option **Feuilles sélectionnées**, toutes les feuilles du groupe seront imprimées. Finalement, le bouton **Imprimer**, illustré en marge, permet de faire la même chose, mais plus rapidement car il n'y a pas de boîte de dialogue.

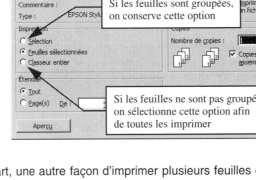

D'autre part, une autre façon d'imprimer plusieurs feuilles est de sélectionner, dans la boîte de dialogue précédente, l'option **Classeur**. La différence ici est qu'on n'a pas besoin de grouper les feuilles, car toutes les feuilles utilisées du classeur seront imprimées.

Bien sûr, sans grouper les feuilles, on peut tout de même imprimer chaque feuille, une par une, en utilisant chaque fois la commande **Imprimer**. Mais, dans ce cas, en plus de rendre le processus plus long, il y aura un problème sur le plan de la numérotation des pages. Elles auront toutes le numéro 1. Si l'on imprime le classeur complet ou un groupe de feuilles, elles seront alors correctement numérotées.

5.6  **EXERCICE**

Cet exercice permet de se familiariser avec l'impression des feuilles d'un classeur.

1. Groupez les quatre premières feuilles du classeur de l'exercice précédent (trimestres 1 à 4). Puis réglez la mise en page de toutes ces feuilles de sorte que le tableau soit agrandi au maximum dans la page. Inscrivez votre nom dans le pied de page et vérifiez que vos tableaux sont bien au centre des pages.

2. Puis, après avoir défait le groupe précédent, faites la mise en page de la dernière feuille du classeur (Sommaire). Le tableau sera probablement plus petit dans ce cas, puisqu'il contient une colonne de plus que les autres.

3. Une fois que vous avez terminé, groupez les feuilles et imprimez le tout.

QUESTIONS DE RÉVISION

Répondez aux questions suivantes, à l'aide de cette figure:

	Classement des équipes			
Équipe	**Nb parties**	**Points**	**Pourcentage**	**Classement**
4	9	897	16,5%	1
3	12	890	16,4%	2
5	10	773	14,2%	3
6	8	686	12,6%	4
10	10	530	9,8%	5
8	11	466	8,6%	6
7	9	412	7,6%	7
9	10	372	6,9%	8
1	10	221	4,1%	9
2	10	179	3,3%	10

Feuilles: Ligue des pimpons / Ligue des bimbos / Ligue des titis / Ligue des as

a.   Dans cette figure, y a-t-il un groupe activé?

b.   Comment sait-on qu'un groupe est actif (2 moyens)?

c.   Combien de feuilles sont incluses dans le groupe actuel, s'il y en a?

d.   Comment fait-on pour ajouter la feuille «Ligue des as» à un groupe?

e.   Comment faire pour dissocier le groupe (3 méthodes)?

f.   Si on suppose qu'une feuille **Sommaire** fait partie de ce classeur, sur laquelle on trouve le total de toutes les ligues, quelle serait la formule pour trouver le total des points de toutes les équipes de toutes les ligues?

g.   Dans cette même feuille **Sommaire**, quelle serait la formule pour calculer le pourcentage moyen de l'équipe numéro 10 dans toutes les ligues, sachant que l'ordre des équipes n'est pas nécessairement le même partout? (On supposera que l'équipe 10 est sur la ligne 8 dans la ligue des bimbos; 4 dans la ligue des titis et 5 dans la ligue des as.)

Réponses à l'annexe 2

Chapitre 6

GESTION D'UNE BASE DE DONNÉES

Objectif général

Savoir créer, modifier et manipuler une base de données.

Objectifs spécifiques

Être en mesure:

- ✓ de créer un tableau sous forme de base de données;

- ✓ d'utiliser des fiches pour gérer l'information de la base de données;

- ✓ de trier la base de données;

- ✓ de rechercher de l'information précise dans la base de données;

- ✓ de filtrer de l'information dans la base de données;

- ✓ de construire des critères de recherche.

INTRODUCTION AUX BASES DE DONNÉES

Peut-être avez-vous toujours utilisé Excel pour établir des tableaux administratifs comprenant plusieurs formules et fonctions. Les chiffriers électroniques ont pour but premier de permettre la manipulation efficace de valeurs numériques, et Excel joue très bien ce rôle. Mais les possibilités du logiciel ne s'arrêtent pas là. On peut aller encore plus loin en transformant la feuille de calcul en base de données.

Une base de données est un fichier qui contient de l'information, sous forme de fiches, organisée de manière à faciliter la recherche. Vous conviendrez que cette définition d'une base de données peut parfaitement bien s'appliquer aux tableaux que l'on a créés jusqu'ici dans ce manuel. En fait, il n'y a presque pas de différence entre un tableau traditionnel et celui qui contient une base de données. La seule différence est que l'on traite le deuxième d'une façon particulière, grâce à certaines fonctions qui facilitent les recherches d'informations. Outre cette particularité, pour Excel, les deux types de tableaux sont traités de la même façon.

En pratique, les bases de données ne contiennent généralement pas le même genre de données qu'un tableau à caractère administratif. Si ce dernier est essentiellement constitué de chiffres et de formules, la base de données, elle, est plutôt composée de texte. Par exemple, la liste des clients d'une entreprise comprend beaucoup plus de texte que de valeurs numériques. Il existe des dizaines d'exemples de bases de données, et nous les utilisons tous les jours. Le répertoire téléphonique, votre compte en banque, votre relevé de carte de crédit, la liste des comptes à recevoir d'une entreprise et la liste des clients constituent de bons exemples de tels fichiers.

Création d'une base de données

Le tableau suivant donne l'exemple d'une petite base de données. Il s'agit d'une liste de bibliothèques. On y trouve le numéro d'enregistrement, le nom, l'adresse et le numéro de téléphone de chacune d'elles. Dans ce tableau, il y a un seul enregistrement par ligne. Autrement dit, une ligne complète est attribuée à chaque bibliothèque. On nomme l'ensemble des informations d'une même bibliothèque une «fiche» ou un «enregistrement». On ne pourrait pas, par exemple, utiliser deux lignes pour inscrire le nom de la bibliothèque, ou un deuxième numéro de téléphone. Cela fausserait la base de données.

De même, il est important de respecter les colonnes. Chaque colonne détient un type d'information précis. Seules des données du même type doivent se trouver dans une même colonne. Chaque type d'information se nomme un champ. Finalement, il est important de donner un nom de champ différent à chaque colonne de la base de données. Ce nom doit apparaître en haut de chaque colonne. Dans la figure qui suit, la ligne 2 contient les noms de champ.

Chaque colonne contient un type particulier d'information (champ)

Chaque ligne constitue un enregistrement différent et unique (aussi appelé fiche)

Organisation de la base de données (liste)

Comme pour les autres tableaux, il est important de faire un schéma de notre base de données avant de commencer. Cela nous permet de mieux prévoir le nombre de colonnes nécessaire, l'ordre dans lequel ces colonnes devront être placées ainsi que leur largeur. N'oubliez pas qu'un bon tableau doit être concis tout en étant complet, simple et exact.

Il faut éviter la répétition d'information, quitte à construire plus d'un tableau. Une entreprise qui aurait, par exemple, la liste de ses clients dans une base de données ne devrait pas répéter tous les renseignements du client dans une deuxième base de données où sont enregistrés les factures ou les comptes à recevoir. On utilisera plutôt un code de client commun, et Excel cherchera l'information nécessaire pour la deuxième base de données dans la première. On gagne ainsi beaucoup d'espace sur le disque.

Afin de nous faciliter la tâche, il faut nous assurer que la base de données est entourée de cellules vides pour qu'Excel puisse reconnaître facilement le début et la fin de la liste. Lorsqu'elle est entourée de cellules vides, nul besoin d'indiquer à Excel la zone qui la délimite car il peut la détecter automatiquement. Sinon, il faudra sélectionner les cellules adéquates dans chaque opération que l'on voudra exécuter. Idéalement, comme on a accès à plusieurs feuilles dans le classeur, on devrait créer la base de données sur une feuille distincte et n'y inscrire rien d'autre. Ainsi, aucune ambiguïté n'est possible, car la feuille ne contient que la base de données.

Il faudrait aussi s'assurer que la première ligne (et seulement celle-là) contient les titres de colonnes. S'il faut utiliser plus d'une ligne, on peut alors inscrire le titre dans une seule cellule, toutefois, utilisez **Alt - Entrée** pour changer de ligne à l'intérieur de la cellule. Bien que l'on puisse employer plus d'une ligne pour les titres, Excel n'utilisera que la première. Or, il est possible de détruire les titres, par exemple lorsque la liste est triée. Dans un tel cas, Excel conserve la première ligne du haut, mais utilise toutes les autres dans le tri. Il n'y a toutefois pas de problème à inscrire un titre général en haut du tableau. Excel ignore cette ligne parce que plusieurs cellules y sont vides et qu'il faut que toutes les colonnes contiennent un titre.

Saisie des données

Comme nous l'avons déjà vu, la saisie des données peut être réalisée de la même façon que dans les autres tableaux. Mais à partir du moment où la base de données est commencée, on peut utiliser une grille pour faire l'entrée ou la modification des données. Cette technique est très efficace et agréable à utiliser.

 MARCHE À SUIVRE

1. Si la base de données n'est pas créée, inscrire les titres de colonnes ainsi que la première ligne de données.

2. Placer le pointeur dans une cellule contenant un titre.

3. Dans le menu **Données**, choisir **Grille** (une fenêtre semblable à celle qui suit apparaît).

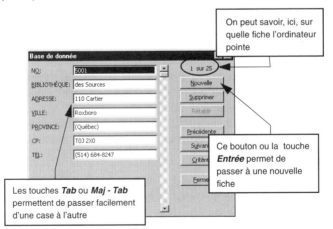

4. Taper les données dans les cases de la grille (utiliser la touche **Tab** et **Maj - Tab** pour déplacer le pointeur sans utiliser la souris).

5. Appuyer sur **Entrée** ou cliquer sur **Nouvelle** pour commencer une autre fiche.

6. Pour faire des corrections, utiliser la barre de défilement pour choisir une fiche, ou cliquer sur les boutons **Précédente** et **Suivante** pour passer d'une fiche à l'autre.

7. Cliquer sur **Fermer** pour terminer.

Excel construit la boîte de dialogue en fonction de la base de données. À gauche, on trouve la liste de tous les champs, avec le nom de champ qui apparaît dans la première ligne du tableau. À droite, une série de boutons permet de manipuler l'information.

Le bouton **Nouvelle** permet d'insérer une nouvelle fiche à la fin de la liste, tandis que **Supprimer** permet de retirer une fiche. Le bouton **Rétablir**, quant à lui, permet de remettre en place des données qu'on vient juste de remplacer par d'autres. Toutefois, dès qu'on change de fiche ou qu'on la supprime, ce bouton devient inutile car on ne peut plus remettre les vieilles données en place.

Les boutons **Précédente** et **Suivante** permettent de passer d'une fiche à l'autre. On peut toutefois faire la même chose en cliquant sur les flèches situées aux extrémités de la barre de défilement. On peut aussi changer de fiche en appuyant sur la touche *Entrée* ou en maintenant la touche *Maj* (*Shift*) enfoncée et en appuyant sur *Entrée* pour revenir.

Le bouton **Critères** permet de définir des critères de sélection, mais nous y reviendrons plus loin. Finalement, le bouton **Fermer** permet de revenir à l'écran normal.

Si la base de données n'est pas créée, on ne peut inscrire que les titres de colonnes, sans ajouter de données. Dans ce cas, toutefois, Excel ne sait pas s'il s'agit de titres ou de données. Or, lorsqu'on active la fonction **Grille** du menu **Données**, la boîte de dialogue suivante apparaît:

Dans cette boîte de dialogue, il suffit de cliquer sur **OK** si le contenu des cellules correspond bien au titre des colonnes. Sinon, cliquer sur **Annuler**, car Excel ne peut travailler sans les titres de colonnes.

EXERCICE

6.1

Cet exercice permet de se familiariser avec la création d'une base de données.

Reproduisez le tableau suivant, qui ne comprend, pour l'instant, qu'une ville. Prenez bien soin d'inscrire les formules dans les colonnes F à J, tel que précisé sur la figure.

Vous avez alors créé votre base de données. Enregistrez le fichier sous le nom **VOYAGES**, car nous l'utiliserons dans les exercices qui suivent.

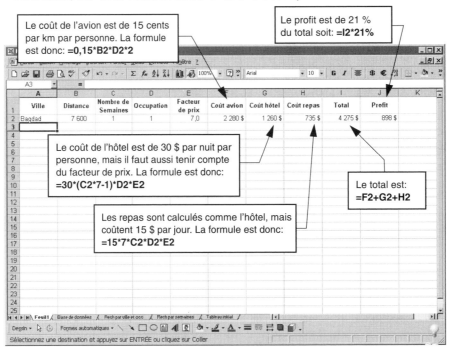

Le coût de l'avion est de 15 cents par km par personne. La formule est donc: **=0,15*B2*D2*2**

Le profit est de 21 % du total soit: **=I2*21%**

Le coût de l'hôtel est de 30 $ par nuit par personne, mais il faut aussi tenir compte du facteur de prix. La formule est donc: **=30*(C2*7-1)*D2*E2**

Les repas sont calculés comme l'hôtel, mais coûtent 15 $ par jour. La formule est donc: **=15*7*C2*D2*E2**

Le total est: **=F2+G2+H2**

Ville	Distance	Nombre de Semaines	Occupation	Facteur de prix	Coût avion	Coût hôtel	Coût repas	Total	Profit
Bagdad	7 600	1	1	7,0	2 280 $	1 260 $	735 $	4 275 $	898 $

EXERCICE

6.2

Cet exercice permet de se familiariser avec la création d'une base de données.

1. Dans la base de données créée à l'exercice précédent, ajoutez les enregistrements suivants en utilisant la grille. N'oubliez pas de placer le pointeur de souris sur une cellule utilisée avant d'activer la fonction.

Vous remarquerez que les colonnes F à J sont calculées automatiquement par Excel à partir des formules déjà inscrites. Utilisez la touche virgule du clavier alphanumérique pour les nombres décimaux au lieu d'utiliser la touche du clavier numérique, car celui-ci n'est pas le symbole décimal.

2. Enregistrez le fichier sous le même nom.

·VILLE	DISTANCE	NOMBRE DE SEMAINES	OCCUPATION	FACTEUR DE PRIX
Bangkok	8 400	1	1	1,6
Caracas	3 600	1	1	0,4
Hawaii	6 500	1	1	0,9
Juneau	3 700	1	1	1,2
Los Angeles	3 400	1	1	0,7
Miami	1 800	1	1	0,8
Moscou	6 000	1	1	5,5
Paris	4 000	1	1	2,5
Québec	300	1	1	1,0
Rome	5 400	1	1	2,0
Sydney	13 000	1	1	1,7
Terre de Hearst	11 000	1	1	3,0
Tokyo	7 200	1	1	5,6
Vancouver	3 000	1	1	1,0

 **EXERCICE**

6.3

Cet exercice permet de se familiariser avec la création d'une base de données.

1. Ouvrez la base de données créée à l'exercice précédent. Afin d'obtenir une base de données volumineuse (qui nous servira dans les prochains exercices), copiez trois fois toutes les lignes de la base de données, sous celle-ci. Il faut que chaque ville s'y trouve quatre fois au total.

2. Afin de faire varier les données, changez le nombre de semaines pour chaque ville. Le client pourra partir 1, 2, 3 ou 4 semaines. Chaque enregistrement d'une ville aura un nombre de semaines différent.

3. Puis refaites la même chose, mais en faisant varier le nombre de personnes (Occupation). Ici, on pourra avoir une occupation simple (1), double (2) ou quadruple (4). Il faudra donc copier toutes les lignes 2 fois afin de tripler le nombre d'enregistrements.

4. À chaque changement, les formules vont être recalculées et les prix devraient changer. N'oubliez pas d'enregistrer la liste.

Le tableau est partiellement illustré à l'annexe 2.

EXERCICE

6.4

Cet exercice supplémentaire permet de se familiariser avec la création d'une base de données.

1. Reproduisez le tableau suivant en utilisant la grille. Il vous faudra d'abord inscrire les deux premières lignes, puis, en plaçant le pointeur sur une de ces cellules, activez la grille.

2. Enregistrez le fichier sous le nom **BIBLIO**; nous l'utiliserons dans les exercices qui suivent.

NO	BIBLIOTHÈQUE	ADRESSE	VILLE	PROVINCE	CP	TEL
		Bibliothèques				
5001	des Sources	110 Cartier	Roxboro	(Québec)	T0J 2X0	(514) 684-8247
5002	de LaSalle	C.P.1000 - Succ. Lasalle	St-Laurent	(Québec)	H8R 3Y4	(514) 367-1000
5003	de St-Léonard	8420 Lacordaire	St-Léonard	(Québec)	H1R 3G5	(514) 328-8585
5004	Nationale	1700 St-Denis	Montréal	(Québec)	H2X 3K6	(514) 873-4553
5005	de Côte St-Luc	5851 Cavendish	Côte St-Luc	(Québec)	H4W 2X8	(514) 485-6900
5006	R J P Dawson	1967 Graham	Montréal	(Québec)	H3R 1G9	(514) 342-1892
5007	de Montréal-Nord	5400 Henri-Bourassa Est	Montréal-Nord	(Québec)	H1G 2S9	(514) 328-4125
5008	de Montréal-Nord	4740 Charleroi	Montréal-Nord	(Québec)	H1H 1V2	(514) 328-4135
5009	de Montréal-Nord	10 400 Belleville	Montréal-Nord	(Québec)	H1H 4Z7	(514) 328-4140
5010	Centrale de Montréal	1210 Sherbrooke Est	Montréal	(Québec)	H2L 1L9	(514) 872-5923
5011	centrale des enseignant	3737 Sherbrooke Est	Montréal	(Québec)	H1X 3E3	(514) 596-6586
5012	d'Anjou	7500 Goncourt	Anjou	(Québec)	H1K 3X9	(514) 352-4440
5013	de Brossard	3200 Lapinière	Brossard	(Québec)	J4Z 3L8	(514) 656-5960
5014	de Candiac	9 Montcalm Nord	Candiac	(Québec)	J5R 3L4	(514) 659-7611
5015	de Châteauguay	15 Maple	Châteauguay	(Québec)	J6J 3P7	(514) 691-1934
5016	de Dollard-des-Ormeau	13 555 boulevard Pierrefonds	Pierrefonds	(Québec)	H9A 1A6	(514) 620-4181
5017	de Dorval	1401 Bord du Lac	Dorval	(Québec)	H9S 2E5	(514) 633-4170
5018	Greenfield Park	255 Empire	Greenfield Park	(Québec)		(514) 672-7500
5019	de Laprairie	200 Balmoral	Laprairie	(Québec)	J5R 4L5	(514) 659-9135
5020	Alain Grandbois	4300 Samson	Chomedey	(Québec)	H7W 2G9	(514) 662-4915
5021	Emile-Nelligan	325 Cartier Ouest	Laval-des-Rapide	(Québec)	H7N 2J5	(514) 662-4973
5022	Gabrielle Roy	3505 Dagenais Ouest	Fabreville	(Québec)	H7P 4V9	(514) 662-4911
5023	Germaine-Guévremont	2900 de la Concorde Est	Duvernay	(Québec)	H7E 2B6	(514) 662-4002
5024	Laure-Conan	4660 boulevard des Laurentid	Auteuil	(Québec)		(514) 662-4975
5025	Marius-Barbeau	455 Montée du Moulin	St-François	(Québec)	H7A 1Z2	(514) 662-4005

Microsoft Excel - Bibli-25

Fichier Edition Affichage Insertion Format Outils Données Fenêtre ?

Base de donnée / Zone de critères / Zone d'extraction / Feuil1 /

EXERCICE

6.5

Cet exercice permet de se familiariser avec la création d'une base de données.

Reproduisez le tableau suivant. Il s'agit de la liste des employés d'une entreprise. On enregistre le numéro, le nom, le titre et le poste téléphonique de chaque employé ainsi que certaines données comme le nombre de jours de vacances et de maladie disponibles et utilisés.

Liste des employés

No	Nom	Titre	Embauche	Poste	Maladies	Vacances	Salaire
675	R. Sirois	Commis	92-03-08	893	5	15	14 $
931	J. Parent	Commis	84-05-13	894	15	20	18 $
290	P. Verville	Commis	83-06-23	850	10	15	21 $
359	J. Lapointe	Commis	93-03-11	850	10	15	15 $
724	M. Favreau	Directeur	92-03-13	850	10	15	30 $
556	D. Lemire	Directeur	85-07-14	834	15	30	40 $
814	J. Moreau	Directeur	91-11-29	839	10	15	30 $
809	P. Légaré	Directeur	89-11-05	840	15	30	40 $
318	Y. Deschamps	Président	83-02-14	889	100	100	60 $
674	C. Desrochers	Secrétaire	88-06-29	867	10	20	16 $

TRIER UNE BASE DE DONNÉES

Une des premières choses que vous voudrez faire avec votre base de données est de la trier. Comme cette opération est très facile, on a avantage à taper les données sans se préoccuper de la position relative des unes par rapport aux autres. Une fois l'entrée des données terminée, il suffit de trier l'ensemble. De plus, lorsqu'on supprime ou qu'on ajoute un enregistrement, le tri replace toujours le tableau très rapidement.

Si la base de données a été établie conformément aux directives de la section précédente, il n'y a rien de particulier à faire avant d'exécuter le tri. Sinon, il faut d'abord sélectionner les cellules à trier, sans les titres de colonnes, car Excel triera aussi les titres. Ensuite, par la fonction **Tri**, il reste à indiquer les clés et l'ordre de tri avant de lancer l'opération.

Les clés de tri sont les champs en fonction desquels l'ordinateur doit effectuer le tri. On peut en définir jusqu'à trois. Ainsi, si la première clé contient des enregistrements identiques, Excel vérifiera la deuxième et la troisième clé. Choisir l'ordre de tri consiste tout simplement à spécifier si l'ordinateur doit mettre les éléments par ordre ascendant ou descendant.

Trier avec plus d'une clé

MARCHE À SUIVRE

1. Si la base de données *n'est pas* standard, sélectionner toutes les cellules à trier de la base de données (sauf les titres).

2. Dans le menu **Données**, choisir **Trier** (la boîte de dialogue suivante apparaît).

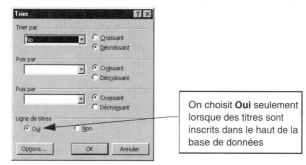

On choisit **Oui** seulement lorsque des titres sont inscrits dans le haut de la base de données

3. Dans la section *1re clé*, choisir le nom du champ principal, en fonction duquel il faut trier la base de données.

4. Choisir ensuite, dans la même section, l'ordre **Croissant** ou **Décroissant** du tri.

5. Dans la section *2e clé*, définir la deuxième clé de tri de la même façon (au besoin).

6. Dans la section *3e clé*, définir la troisième clé de tri de la même façon (au besoin).

7. Cliquer sur **OK**.

La section **Ligne de titres** de cette boîte de dialogue permet d'indiquer à Excel s'il y a une ligne de titre à la base de données. Dans ce cas, il ne faut évidemment pas l'inclure dans le tri, sinon elle sera déplacée dans la base de données, selon l'ordre du tri. Il faut alors choisir l'option **Oui**. Toutefois, si les données à trier ne contiennent pas de titres de colonnes (s'il ne s'agit pas d'une base de données ou si l'on ne trie qu'une partie de la base de données), il faut indiquer à Excel que la première ligne ne contient pas de titres de colonnes et qu'elle doit être incluse dans le tri. Pour ce faire, on sélectionne **Non**.

Dans cette fenêtre, il y a aussi un bouton qui permet de modifier certaines options du tri. En général, il n'est pas requis de modifier ces options, mais elles peuvent s'avérer utiles dans certains cas. Lorsqu'on clique sur le bouton **Options** de la fenêtre précédente, la boîte de dialogue suivante apparaît.

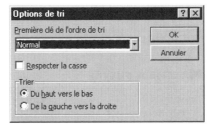

Dans la section **Première clé de l'ordre de tri**, on peut choisir un ordre autre que numérique ou alphabétique pour trier la base de données. Les options possibles sont puisées dans les listes personnalisées d'Excel (que l'on utilise aussi avec la poignée de recopie). Pour créer une nouvelle liste, il faut choisir l'onglet appelé **Liste Pers.** du menu **Outils-Options** (voir le chapitre 2 du manuel *Excel 2000 pour Windows - Les fonctions de base*).

La case à cocher **Respecter la casse** peut être utilisée pour qu'Excel fasse une distinction entre les lettres majuscules et minuscules. Ainsi, si la case est cochée, le mot DAUPHIN sera placé avant le mot Dauphin qui, lui, sera devant dauphin, mais les trois mots seront placés les uns à la suite des autres. Si la case n'est pas cochée, les trois mots seront tout de même les uns à la suite des autres, mais celui qui contient des majuscules ne sera pas nécessairement le premier.

Finalement, la section **Trier** permet d'indiquer à Excel si notre tableau est construit verticalement (en colonnes) ou horizontalement (en lignes). Dans le premier cas, on fera un tri **Du haut vers le bas**, puisque l'information est en colonnes. Cette option est toujours sélectionnée par défaut, car c'est le sens habituel des tableaux (particulièrement des bases de données). Par contre, si le tableau est en lignes, il faut préciser à Excel de trier **De la gauche vers la droite**.

Si on choisit, par exemple, de trier la liste des bibliothèques précédente, par ordre de villes croissant et alphabétique, on s'aperçoit alors que certaines villes possèdent plus d'une bibliothèque. Il faudrait alors définir une deuxième clé (le nom de la bibliothèque, par exemple), sans quoi toutes celles qui sont situées dans une même ville seront pêle-mêle. Et si plus d'une bibliothèque portait le même nom, dans la même ville, il faudrait utiliser une troisième clé de champ. Voici le résultat dans la boîte de dialogue:

Traitement du tri

Dans l'ordre croissant, Excel placera les nombres en premier, puis le texte par ordre alphabétique. Les valeurs logiques et d'erreurs viendront ensuite, et les cellules vides seront à la fin de la liste. Si l'ordre est décroissant, les cellules seront placées dans l'ordre inverse, sauf pour les cellules vides qui demeureront en fin de liste.

Si celui-ci est incorrect, ou s'il faut revenir à l'ordre initial de la base de données, il y a deux façons de procéder. On peut refaire un tri par ordre croissant de numéros (colonne A), ou on peut choisir l'option **Annuler Trier** du menu **Édition**.

Tri comprenant plus de trois clés

Si le tri nécessite plus de trois clés, il faut alors exécuter celui-ci plusieurs fois, en commençant par les clés les moins importantes pour terminer par celles qui sont les plus importantes. Par exemple, supposons qu'une liste de noms doive être triée par ordre d'adresses et qu'elle contienne les enregistrements suivants:

NOM	PRÉNOM	N°	RUE	VILLE	PAYS
Deschênes	Pierre	110	De l'Église	Saint-Lin	Canada
Deschênes	Alphonse	110	De l'Église	Saint-Lin	Canada
Deschênes	Pierre	112	De l'Église	Saint-Lin	Canada
Deschênes	Pierre	110	De l'Église	Montréal	Canada
Deschênes	Viviane	110	De l'Église	Saint-Lin	France
Deschênes	Gustave	110	Kong	Pékin	Chine

Il faudrait alors la trier une première fois par Numéro, Nom et Prénom. Puis, dans un deuxième tri, on définirait les clés Pays, Ville et Rue. Le résultat final sera trié (en ordre) par Pays, Ville, Rue, Numéro, Nom et Prénom.

Tri comprenant une seule clé

Si le tri peut être fait à partir d'une seule clé, on peut alors utiliser des boutons de la barre d'outils standard. Ceux-ci permettent de trier en fonction d'une seule colonne; celle où est placé le pointeur de cellules.

Trier avec une seule clé

MARCHE À SUIVRE

1. Placer le pointeur dans une cellule de la colonne en fonction de laquelle le tri doit être fait (ne pas sélectionner les cellules de la colonne).

2. Cliquer sur le bouton **Trier dans l'ordre croissant** ou sur le bouton **Trier dans l'ordre décroissant** selon le cas.

Lorsqu'on utilise ces boutons, il ne faut pas sélectionner les cellules de la colonne car Excel fera le tri de celle-ci, sans faire suivre les autres colonnes. Le résultat donnera une liste dont tous les enregistrements seront mélangés. C'est pourquoi il faut cliquer dans une seule cellule de la colonne.

Si Excel ne semble pas bien trouver les cellules qui appartiennent à la base de données, il faut vérifier si cette dernière répond bien aux conditions énumérées au début de ce chapitre. Le plus souvent, c'est qu'une ligne vide se trouve quelque part dans la base de données. Vérifiez que les lignes ou colonnes vides sont seulement autour de la liste.

6.6  **EXERCICE**

Cet exercice permet de se familiariser avec le tri d'une base de données.

Dans la base de données **VOYAGES** de l'exercice 6.3, faites le tri des données, en fonction des clés: Ville, Occupation et Nombre de semaines. Dans ce tri, la ville est la clé principale.

6.7  **EXERCICE**

Cet exercice permet de se familiariser avec le tri d'une base de données.

Récupérez la base de données sur les bibliothèques (exercice 6.4) et triez la liste par ordre croissant de villes. Si plusieurs bibliothèques sont situées dans la même ville, utilisez une deuxième clé de tri, par code postal.

6.8  **EXERCICE**

Cet exercice permet de se familiariser avec le tri d'une base de données.

Récupérez la base de données sur les employés (exercice 6.5) et triez la liste de sorte que le plus vieil employé figure en premier.

RECHERCHER DE L'INFORMATION

Si le tri est souvent la première opération que l'on effectue sur une base de données, la recherche d'information est probablement l'opération la plus importante. Cette fonction permet de faire ressortir, de différentes façons, certains éléments de la liste. Ces éléments sont choisis à partir d'un critère qu'on détermine à l'avance. Les fiches qui correspondent à ce critère peuvent être montrées à l'écran ou extraites d'un autre tableau.

Il y a trois étapes à suivre pour exécuter une recherche. D'abord, on doit créer la base de données. Ensuite, il faut définir le critère de sélection puis choisir la manière d'afficher le résultat. Nous savons déjà comment créer la base de données. Il ne reste que les deux autres étapes à franchir. De plus, la recherche peut être réalisée de différentes façons.

La façon de créer un critère de recherche peut varier selon les méthodes de recherche. Toutefois, les règles qui permettent de définir le critère demeurent les mêmes, quelle que soit la technique.

Critère de comparaison pour des valeurs

Lorsque le critère est de comparer une donnée calculable avec une autre, il suffit d'utiliser les opérateurs vus dans les fonctions logiques du chapitre 2. Par exemple, si le critère est qu'un certain champ soit plus petit que 25, on inscrira **<25**. S'il doit être différent de 100, on donne **<>100**, ainsi de suite.

Critère pour comparer du texte

Lorsqu'on recherche du texte, certaines règles s'ajoutent. Il faut toujours placer le texte cherché entre guillemets (" "). On peut utiliser le symbole **?** pour chercher n'importe quel caractère à une position précise. Ainsi, le critère **=Ai?er** permet de trouver Aimer, Aider et Airer, par exemple. De plus, le symbole ***** signifie n'importe quel caractère en nombre variable. Ainsi, le critère ***meuble** permet de trouver tous les mots qui se terminent par meuble, soit: immeuble, meuble, garde-meuble.

RECHERCHE À PARTIR DE LA GRILLE

Une première façon de rechercher une information dans les enregistrements consiste à utiliser la même grille qu'à l'entrée des données. En cliquant sur le bouton **Critères** de cette grille, on peut définir un critère servant à la sélection des fiches.

Par exemple, pour visualiser les bibliothèques de Montréal, on peut donner le critère **Montréal***. Grâce à l'astérisque, Excel fera apparaître toutes les fiches dont la ville commence par Montréal, y compris, par exemple, Montréal-Nord.

MARCHE À SUIVRE

1. Définir la base de données.

2. Dans le menu **Données**, choisir l'option **Grille**. La boîte de dialogue suivante apparaît.

Ce bouton devient **Grille** une fois dans l'option **Critères**

3. Cliquer sur le bouton **Critères**.

4. Inscrire les critères voulus dans les champs proposés.

5. Cliquer sur le bouton **Grille**.

6. Cliquer sur les boutons **Précédente** ou **Suivante** pour passer d'une fiche à l'autre.

Le bouton **Critères** présente une fiche vide dans laquelle on doit taper les critères de recherche. Lorsqu'on a terminé, on utilise le même bouton, qui présente alors l'option **Grille**, afin de revenir.

Au départ, Excel ne pointe pas nécessairement un enregistrement qui répond au critère. Il faut utiliser les boutons **Précédente** ou **Suivante** pour déplacer le pointeur sur un élément de la liste qui satisfait aux critères. Lorsque toutes les fiches ont été vues, ou si aucune fiche ne correspond au critère, un signal sonore se fait entendre.

RECHERCHE AU MOYEN D'UN FILTRE AUTOMATIQUE

Si vous connaissez le concept d'une zone de critères et d'extraction utilisé par les anciennes versions de ce logiciel (ou de ses compétiteurs), vous allez probablement trouver très facile l'utilisation du filtre automatique. Cette fonction ne nécessite pas de zone de critères. La définition du critère, la recherche et l'extraction des données se font directement dans la base de données initiale.

MARCHE À SUIVRE

1. Placer le pointeur dans la base de données.

2. Dans le menu **Données**, choisir **Filtre**.

3. Choisir ensuite l'option **Filtre automatique**, et la base de données est légèrement transformée comme le montre la figure suivante.

Comme on peut le voir à la ligne 2, où se trouvent les titres des colonnes, Excel a ajouté une petite flèche à chaque champ. Celle-ci permet de définir le critère voulu. Or, si on recherche une égalité, cela est très facile car il suffit de cliquer sur la flèche et de sélectionner l'élément en question. Par exemple, pour sélectionner toutes les bibliothèques de Montréal-Nord, il suffit de choisir cette ville dans la liste.

MARCHE À SUIVRE

1. Cliquer sur la flèche située à la droite du champ en question.

2. Dans la liste offerte, choisir l'élément qui est égal à celui recherché, et le filtre sera automatiquement activé.

Une fois que le critère est sélectionné, Excel cache tous les enregistrements qui ne répondent pas au critère et n'affiche que ceux qui y répondent. La liste présente aussi quelques critères prédéfinis. Ces derniers fonctionnent comme les premiers, mais apparaissent dans toutes les colonnes. Voici leur rôle:

(TOUS)	Permet de remettre tous les enregistrements en place.
(LES 10 PREMIERS)	Permet de n'afficher que les 10 premiers enregistrements parmi ceux qui répondent au critère.
(PERSONNALISÉ)	Permet de définir un critère plus complexe.
(VIDES)	Ne recherche que les cellules vides.
(NON VIDES)	Cache tous les enregistrements dont la cellule est vide pour cette colonne.

Tous ces critères prédéfinis sont utiles. Par exemple, si on cherche les bibliothèques pour lesquelles on n'a pas le code postal, il suffit de choisir **(Vides)** dans ce champ. Pour désactiver le filtre, il suffit de choisir **(Tous)**.

MARCHE À SUIVRE

1. Cliquer sur la flèche située à la droite du champ en question.

2. Dans la liste offerte, choisir **(Tous)** et tous les enregistrements deviennent visibles.

Critères plus complexes

Le seul choix de liste un peu plus difficile est **(Personnalisé)**. Celui-là est utile lorsqu'on recherche des enregistrements supérieurs ou inférieurs à d'autres (mais non égaux). Il est aussi utile pour choisir les enregistrements égaux à une chose ou à une autre. En d'autres mots, s'il faut utiliser des expressions telles que: égal, est supérieur ou égal à; on doit alors créer des critères personnalisés.

MARCHE À SUIVRE

1. Cliquer sur la flèche située à la droite d'un champ quelconque, par exemple, le champ NO.

   Dans la liste offerte, choisir **(Personnalisé)** et la boîte de dialogue suivante apparaît:

Filtre automatique personnalisé	? X
Afficher les lignes dans lesquelles:	
NO	
est supérieur à 5015	OK
⊙ Et ○ Ou	
est inférieur à 5020	Annuler
Utilisez ? pour représenter un caractère	
Utilisez * pour représenter une série de caractères	

2. Choisir un premier opérateur dans la première section (qui montre l'expression égal).

3. Choisir un élément avec lequel comparer le champ à droite de l'opérateur.

4. S'il faut utiliser deux conditions, choisir entre les opérateurs **ET** et **OU**.

5. Choisir ensuite un autre opérateur ainsi qu'un élément à comparer dans les sections du dessous.

6. Cliquer sur **OK** pour activer le filtre.

Supposons qu'on désire connaître les bibliothèques dont le numéro est compris entre 5015 et 5020, exclusivement. Il faut alors activer le filtre automatique et définir un critère personnalisé pour le champ NO. La boîte de dialogue, une fois remplie, devrait être comme dans la figure précédente.

Dans cette boîte, nous avons choisi tous les enregistrements dont le NO est supérieur (>) à 5015 et inférieur (<) à 5020. Le résultat à l'écran est le suivant.

On voit que des numéros de ligne ont été cachés

	NO	BIBLIOTHÈQUE	ADRESSE	VILLE	PROVINCE	CP	TEL
10	5017	de Dorval	1401 Bord du Lac	Dorval	(Québec)	H9S 2E5	(514) 633-4170
13	5018	Greenfield Park	255 Empire	Greenfield Park	(Québec)		(514) 672-7500
14	5019	de Laprairie	200 Balmoral	Laprairie	(Québec)	J5R 4L5	(514) 659-9135
23	5016	de Dollard-des-Ormea	13 555 boulevard Pierrefond	Pierrefonds	(Québec)	H9A 1A6	(514) 620-4181

Le résultat donne seulement les numéros entre 5015 et 5020, exclusivement

Le nombre d'enregistrements qui répondent au critère est inscrit ici

4 enregistrement(s) trouvé(s) sur 25

Si on ne peut utiliser plus d'un filtre par colonne, on peut toutefois cumuler les filtres entre les colonnes. Par exemple, on peut demander toutes les bibliothèques dont le numéro est compris entre 5005 et 5015 et dont la ville est Montréal. Pour être valide, l'enregistrement doit alors répondre aux deux critères. À la limite, on pourrait créer un filtre pour chaque colonne!

Pour savoir si un filtre a été défini dans une colonne, il suffit de regarder la flèche située dans la cellule de titre. La flèche devient bleue lorsqu'un filtre est défini pour cette colonne.

Pour désactiver complètement le filtre automatique, il faut choisir de nouveau l'option **Filtre automatique** du menu **Données-Filtre**. Les filtres sont alors automatiquement désactivés et les flèches disparaissent de l'écran. Toutes les lignes cachées par des filtres sont en même temps remises en place.

6.9  **EXERCICE**

Cet exercice permet de se familiariser avec la recherche d'information.

1. Dans la base de données sur les voyages, cherchez la liste des destinations possibles pour 2 personnes et pour 2 semaines. Puis imprimez le résultat.

2. Ensuite, trouvez toutes les destinations pour lesquelles le coût total est compris entre 2 000 $ et 4 000 $, pour une personne seule, durant quatre semaines. Mais il faut aussi que la distance soit supérieure à 2 000 km. Imprimez le résultat.

3. Finalement, imprimez la liste de prix pour toutes les destinations à deux personnes, commençant par la lettre M.

6.10  **EXERCICE**

Cet exercice permet de se familiariser avec la recherche d'information.

1. Dans la base de données sur les employés, apportez les modifications suivantes à l'aide de la grille:

- Le salaire de M. Légaré passe à 45 $.

- Le nombre de jours de vacances de Mme Desrochers passe à 25.

- La date d'embauche de M. Moreau est le 27/11/1991.

2. Puis, au moyen des filtres automatiques, trouvez la liste de tous les commis. Modifiez ensuite leur nombre de jours de vacances à 20. Cherchez ensuite les directeurs et changez leur nombre de jours de vacances pour 30.

3. Enfin, trouvez, dans la liste, les employés qui ne sont ni directeurs ni président et ayant plus de 5 années d'ancienneté. Ajoutez 5 jours de maladie à ces personnes.

CALCULER UN SOUS-TOTAL PAR CATÉGORIE

Jusqu'à maintenant, toutes les fonctions de bases de données ont permis de trouver ou de modifier des enregistrements sans toutefois affecter la structure du fichier. Les deux fonctions qui sont exposées pour terminer ce chapitre impliqueront, quant à elles, des changements dans la base de données.

Le sous-total est utilisé pour calculer certaines statistiques sur un tableau ou pour faire la somme d'une de ses colonnes. La particularité de cette fonction est que le calcul est fait pour une catégorie de données seulement.

Par exemple, on pourrait demander de calculer un sous-total de toutes les factures impayées, mais par client. Excel ajoute alors une ligne où il inscrit **Somme...** et fait le calcul demandé après chaque changement de clients dans le tableau. Il ajoute aussi une ligne à la fin du tableau où figurera le total de la colonne.

Le tableau suivant illustre cette situation. Avant d'appliquer la fonction **Sous-total**, les lignes 7, 12, 16 et 17 étaient absentes de ce tableau. Excel les a insérées pour l'exécution de cette fonction. De plus, on peut apercevoir de nouveaux symboles dans la marge de gauche. Ceux-ci seront décrits plus loin. Enfin, pour que la fonction soit efficace, il est préférable de trier le tableau avant tout.

	Comptes à recevoir			
No	Client	Date	Montant	
107	Construction ABC INC	95-11-16	3 698,00 $	
107	Construction ABC INC	95-11-20	1 591,00 $	
107	Construction ABC INC	95-12-18	2 516,00 $	
107	Construction ABC INC	95-12-23	598,00 $	
	Somme Construction ABC INC		8 403,00 $	
111	Bliblibli ENR	95-11-05	264,00 $	
111	Bliblibli ENR	95-11-07	5 658,00 $	
111	Bliblibli ENR	95-11-08	95,00 $	
111	Bliblibli ENR	95-11-24	6 485,00 $	
	Somme Bliblibli ENR		12 502,00 $	
119	Le cogneur de Clous	95-12-15	654,00 $	
119	Le cogneur de Clous	96-01-09	1 025,00 $	
119	Le cogneur de Clous	96-01-15	2 584,00 $	
	Somme Le cogneur de Clous		4 263,00 $	
	Total		25 168,00 $	

MARCHE À SUIVRE

1. Trier le tableau en fonction de la colonne représentant les catégories dans le sous-total.

2. Placer le pointeur dans une cellule utilisée de la base de données.

3. Dans le menu **Données**, choisir **Sous-totaux** (une boîte de dialogue apparaît).

4. Dans la section **À chaque changement de**, choisir la colonne qui a servi au tri et qui détermine les catégories de sous-totaux.

5. Dans la section **Utiliser la fonction**, choisir la fonction à appliquer (car il peut s'agir d'une fonction autre que **Somme**).

6. Cocher ensuite toutes les colonnes où cette fonction doit être calculée.

7. Choisir les dernières options et cliquer sur **OK**.

Les dernières options qui restent, au bas de la boîte de dialogue, concernent la gestion de ces sous-totaux. On peut choisir de remplacer ou non les sous-totaux chaque fois qu'on applique cette fonction. Cela n'est utile que dans le cas où les fonctions sont appelées à changer. Par exemple, vous décidez de voir la somme, puis plus tard, de remplacer celle-ci par une moyenne. Il n'est pas nécessaire autrement de refaire la fonction **Sous-total**, car elle se recalcule automatiquement comme toute autre fonction d'Excel.

On pourrait aussi demander à Excel d'insérer **un saut de page** après chaque sous-total. De cette façon, on imprime une catégorie par page. Cela est utile, bien sûr, lorsque le tableau est très grand et qu'on désire gérer la façon de couper les pages.

Quant à l'option **Synthèse sous les données**, elle permet d'obtenir une ligne à la fin du tableau où apparaît le total des sous-totaux. Excel inscrit normalement **Total** sur cette ligne.

Les symboles de plan, à gauche de l'écran

Après avoir activé la fonction **Sous-total**, il est intéressant d'utiliser les petites icônes situées à gauche de l'écran. Ce sont les symboles de la fonction **Plan**, qui est associée au sous-total. Ils permettent de contrôler la liste de diverses façons.

Le signe moins (-)

Lorsque le symbole illustre le signe moins (-), c'est parce que tous les enregistrements sont affichés, mais qu'on peut en cacher quelques-uns. En cliquant sur le bouton, tout le groupe qui est associé à ce sous-total disparaît, mais le sous-total reste. En cliquant sur tous les boutons illustrant ce signe (sauf pour celui de la première colonne), on obtient l'écran suivant, où ne sont affichés que les sous-totaux et le total final. Cela permet d'imprimer un tableau synthèse.

Un signe plus (+)

Lorsque le bouton illustre un signe plus (+), c'est que le groupe a été réduit. Le bouton permet alors d'afficher tous les enregistrements cachés. Par exemple, après avoir imprimé le tableau synthèse illustré précédemment, on pourrait regarder le détail pour un seul client, comme l'illustre la figure suivante.

Les autres boutons

Finalement, dans le haut de cette marge apparaissent des boutons illustrant des numéros. En cliquant sur ceux-ci, tous les enregistrements de ce niveau sont cachés ou affichés. Par exemple, en cliquant sur le chiffre 1, quelle que soit la situation du tableau, on obtient le total seulement. Par contre, le numéro 3 permet de voir tous les enregistrements.

Pour remettre le tableau comme avant

Lorsque toutes les opérations nécessaires sont effectuées, on peut enregistrer le tableau tel quel ou enlever toutes traces de sous-totaux et de plan.

 **MARCHE À SUIVRE**

1. Placer le pointeur dans une cellule de la base de données.

2. Dans le menu **Données**, choisir **Sous-total**.

3. Cliquer sur le bouton **Supprimer tout**.

INTRODUCTION AUX TABLEAUX CROISÉS DYNAMIQUES

La dernière fonction, mais non la moindre, permet d'adapter une base de données à ses besoins. Elle devient particulièrement utile lorsqu'on doit imprimer plusieurs rapports en faisant varier plus de deux champs à la fois. Le résultat de cette fonction est un tableau qui ne contient que les renseignements voulus (sans qu'il s'agisse nécessairement de toutes les colonnes de la base de données), disposés de la manière la plus facile à lire possible. En d'autres mots, on utilise le tableau croisé pour mieux disposer les données afin de mieux les analyser.

Prenons l'exemple d'une liste de comptes à recevoir telle que celle de la section précédente. Tous les comptes y sont placés, les uns sous les autres. Si l'on désire sortir un état de compte par client, il faut faire plusieurs manipulations, puisqu'il faut cacher chaque fois tous les autres clients. Le tableau croisé peut alors être une solution. Le résultat devient celui de la figure suivante. La figure n'illustre qu'un client. On peut alors choisir le client voulu, et Excel change automatiquement le tableau.

MARCHE À SUIVRE

1. Placer le pointeur dans la base de données.

2. Dans le menu **Données**, choisir **Rapport de tableau croisé dynamique**.

3. Suivre les quatre étapes de l'**Assistant** (décrites ci-après).

Première étape de l'Assistant

Après avoir choisi l'option **Rapport de tableau croisé dynamique**, la boîte de dialogue suivante apparaît à l'écran. Il s'agit de la première d'une série de quatre étapes qui permettront à Excel de créer le tableau croisé. Dans cette étape il n'y a rien à faire car dans les exemples de ce manuel, les bases de données font partie du fichier. Il faut donc conserver la première option: **Liste ou base de données Excel**. On passe ensuite à la prochaine étape, avec le bouton **Suivant**.

Deuxième étape de l'Assistant

À cette étape, il faut préciser la plage de cellules où se trouve la base de données. La partie intéressante est qu'Excel saura trouver par lui-même les adresses si le pointeur de cellules a préalablement été placé dans une des cellules de la base de données. Généralement, il suffit donc de cliquer sur **Suivant** pour passer à l'étape la plus importante de l'opération.

Troisième étape de l'Assistant

Dans un premier temps, le système vous demande où il doit stocker le rapport : vous avez le choix entre une nouvelle feuille (la recommandation) ou une adresse à l'intérieur de la feuille courante. Nous y reviendrons.

Avant de cliquer sur le bouton **Terminer**, il est important de déterminer la structure du tableau croisé dynamique. Pour activer l'outil de disposition, cliquer sur le bouton **Disposition** de cette fenêtre. Quatre régions sont à distinguer. Il faut indiquer à

Excel le type de données qui seront placées dans chacune des régions du tableau croisé.

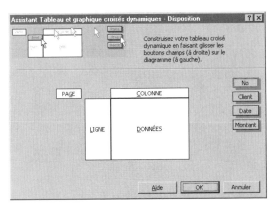

La page est dans le coin supérieur gauche du tableau, et permet de sélectionner le groupe de données qui apparaîtront dans le tableau. Par exemple, on peut y choisir le client, comme c'est le cas dans l'exemple illustré en début de section. Dans ce cas, il suffirait de glisser le bouton **Client** sur la région **Page**. On peut y placer plusieurs boutons, mais les bases de données simples bénéficient rarement de plus d'un champ dans cette région. Il faut voir cette région comme les filtres automatiques dont il a été question précédemment. C'est la seule région variable du tableau croisé.

La ligne est la région où l'on place les champs qui composeront les lignes du tableau. Si vous cherchez un tableau simple comme résultat, l'idéal est de ne placer qu'un champ dans cette section. Par contre, un deuxième champ peut y être placé pour subdiviser le premier. Par exemple, si on y plaçait les clients et les dates de factures, une deuxième colonne illustrerait les dates de factures pour chaque client.

La colonne est identique à la ligne, mais concerne les colonnes du tableau. Ici aussi, le plus simple est de ne mettre qu'une information, mais si plusieurs autres sont requises, elles peuvent y être placées pour agir comme sous-catégories des premières.

Les données du tableau croisé dynamique sont les informations vitales du tableau. Il s'agit de la seule section obligatoire du tableau. On y définit les champs qui servent à construire le tableau. Lorsqu'on y glisse un champ, Excel fait une opération arithmétique sur celui-ci, selon le type de données qui composent le champ. S'il s'agit de nombres, il fait la somme, sinon, il compte le nombre de cellules comprises. Comme le tableau croisé ne comprend pas nécessairement toutes les colonnes de la base de données, il doit quelquefois composer avec plusieurs enregistrements qui correspondent à une même ligne du tableau croisé. C'est pourquoi il les additionne ou les compte.

Par exemple, pour obtenir le tableau illustré en début de section, il faut glisser le champ **No** dans la **Page**, le champ **Client** dans la section **Colonne**, le champ **Date** dans la section **Ligne** et le champ **Montant** dans la section **Données**. Le résultat est illustré à la figure suivante.

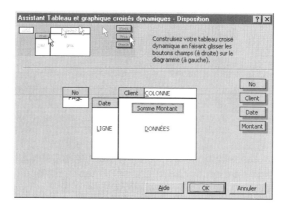

Si, dans cet exemple, un client a plusieurs factures impayées à la même date, Excel fera la somme de toutes ces factures sur la même ligne, parce que le champ dans la section **Données** est **Somme montant**.

Dernière étape de l'Assistant

Après avoir cliqué sur le bouton **OK** de la fenêtre de disposition, Excel vous renvoie à la fenêtre qui suit. La dernière étape consiste donc à indiquer à Excel la position du tableau croisé. Tout d'abord, il faut savoir que le résultat donne un nouveau tableau qu'Excel va créer, d'après la base de données, mais sans la changer. L'idéal est alors de laisser Excel appliquer la valeur par défaut, soit **Nouvelle Feuille**.

On peut aussi changer le nom du tableau croisé. Excel le nommera par défaut **Tableau croisé dynamique$X$**, où le X est remplacé par le numéro séquentiel du tableau. Ce nom ne sert vraiment à aucune des fonctions vues dans ce cours. Certaines fonctions plus complexes, comme le gestionnaire de scénario combiné aux tableaux croisés dynamiques, peuvent se servir du nom. Le plus simple est donc de conserver le nom proposé par Excel. Cette option de même que plusieurs autres se modifient en passant par le bouton **Options**. L'image suivante apparaît.

Les options de cette boîte de dialogue permettent d'ajouter automatiquement une ligne de grand total pour chaque champ du tableau placé dans la section **Ligne**. De même, l'option **Total des colonnes** permet d'ajouter une colonne de grand total pour chaque champ placé en colonne.

En ce qui concerne l'option **Enregistrement des données avec la mise en page actuelle**, l'idéal est de laisser l'option activée. Elle permet essentiellement d'enregistrer toutes les composantes de la structure du tableau croisé. Cela permet, entre autres, de retrouver des données à jour automatiquement dès qu'on ouvre le tableau. Si l'option est désactivée, on ne perd rien, si ce n'est qu'il faut forcer Excel à recalculer le tableau après avoir ouvert le fichier afin de s'assurer de l'intégrité des données et aussi pour être capable de modifier le tableau. Le seul avantage à désactiver cette option est que le fichier utilise un peu moins d'espace disque.

L'option **Mise en forme automatique** permet de faire la mise en forme automatique du tableau. Au départ, Excel utilise le format automatique par défaut, mais on peut, après avoir terminé le tableau, changer celui-ci par le menu **Format-Mise en forme automatique**.

Utilisation du tableau croisé

Une fois le tableau terminé, on peut changer la mise en forme par la fonction **Mise en forme automatique** du menu **Format**, mais on peut aussi changer la structure complète du tableau. Par exemple, si on décide de placer les clients à gauche et les dates par colonnes, il suffit de glisser les boutons pour faire les changements.

De plus, il est facile de changer de page dans le tableau. Le bouton illustrant une flèche dans la section **Page** permet de choisir l'élément voulu dans le champ décrit. On peut donc, par exemple, choisir un certain client, imprimer les résultats puis passer facilement au client suivant.

On se sert de ce bouton pour changer de **N°**

En glissant ces boutons on modifie la structure du tableau croisé

On place généralement le tableau croisé sur une page différente

En cliquant donc sur la flèche de la **section page**, une liste affichant les numéros de client apparaît et on peut choisir le client voulu ou, même, tous les clients de notre classeur.

Après avoir choisi l'option **Tous**, le tableau aura l'apparence de l'image qui suit:

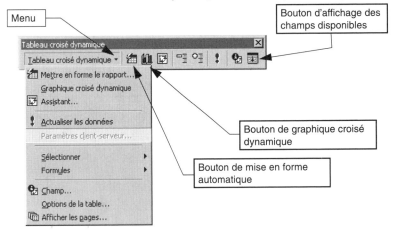

La barre d'outils du tableau croisé dynamique nous offre plusieurs options.

Le bouton du menu permet d'avoir accès à toutes les fonctions de contrôle du tableau croisé, tels la mise en forme automatique ou l'appel de l'assistant du tableau croisé dynamique. Les boutons qui suivent le menu sont, dans l'ordre:

- le bouton d'appel de la mise en forme automatique;

- le bouton d'appel du graphique croisé dynamique;

- le bouton de l'assistant croisé dynamique;

- le bouton pour afficher le tableau;

- le bouton pour masquer le tableau;

- le bouton d'actualisation des données;

- le bouton d'appel des paramètres de champ;

- le bouton d'appel de la liste des champs disponibles.

L'image qui suit montre la même fenêtre une fois que l'on a appuyé sur le bouton de la liste des champs. On peut ajouter un champ au tableau croisé en faisant simplement glisser le nom du champ dans la section appropriée.

L'appel du format automatique est similaire au format automatique appliqué à une plage de cellule en Excel. Le système nous propose alors un éventail de mises en forme applicables au tableau croisé. On nous offre 10 modèles de rapports, 10 modèles de tableau, la mise en forme par défaut et l'absence de mise en forme; 22 choix en tout, de quoi combler la majorité des usagers. Il suffit de cliquer sur l'exemple choisi pour qu'Excel l'applique automatiquement aux données.

Le bouton **Graphique croisé dynamique** de la barre d'outils permet de créer de façon automatique et sur une nouvelle feuille un graphique. Le graphique affiché utilise le modèle de graphique par défaut d'Excel tel que nous l'avons vu dans la section graphique de ce volume.

Ce graphique a par contre des caractéristiques similaires au tableau croisé en ce sens qu'il est *dynamique*. En effet, on peut en changer l'affichage en sélectionnant les données voulues à l'aide des listes de valeurs offertes par les boutons de champs. On peut donc modifier dynamiquement l'affichage du graphique en changeant, dans notre exemple, le code client. Alors, de la même façon que le tableau croisé permet de mieux disposer l'information, le graphique croisé permet de mieux l'afficher. On peut voir l'information graphique d'un client à la fois, et ce, sans avoir à créer autant de graphiques que nous avons de clients.

De plus, en mode graphique, le bouton d'appel du graphique devient un bouton qui appelle l'assistant graphique. On peut donc modifier le type de graphique affiché de même que les options du graphique telles que l'affichage de la table de données ou des étiquettes de données. Donc libre à vous de rendre ce graphique représentatif du message que vous cherchez à transmettre.

Si l'on désire modifier le graphique de façon à montrer toutes les données, en utilisant une représentation de type 3D et avec un titre, voir la marche à suivre ci-après.

MARCHE À SUIVRE

1. En mode graphique, choisir l'option **Tous** à l'aide de la liste de la section **champ page** comme dans l'image qui suit:

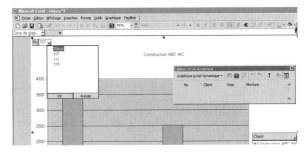

2. Cliquer sur **OK**.

3. Cliquer sur le bouton **Graphique**.

4. Du menu, à l'étape 1 sur 4, choisir un graphique de type 3D comme dans l'image qui suit:

5. Cliquer sur **Suivant**.

6. Du menu de l'étape 3 sur 4, choisir par exemple d'ajouter un **Titre** au graphique.

Noter que l'étape 2 qui permet la sélection des plages de données n'est pas disponible pour un graphique croisé dynamique.

L'image qui suit en donne l'exemple.

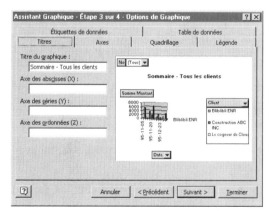

7. Cliquer sur **Terminer**. Voici le résultat.

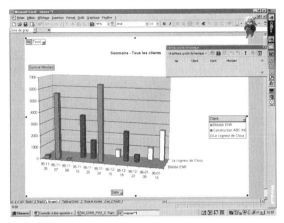

L'exercice qui suit va vous permettre de vous familiariser avec les tableaux croisés dynamiques. Essayez différents formats d'affichages et de graphiques qui vous aideront à bien comprendre toutes les facettes et la puissance de cette fonction d'Excel.

6.11  **EXERCICE**

Cet exercice permet de vous familiariser avec l'utilisation des tableaux croisés.

1. Ouvrez le fichier **VOYAGES** et construisez un tableau croisé qui aura ces caractéristiques:

- dans la section **Page** se trouvent les champs Ville et Occupation;

- dans la section **Ligne** se trouve le champ Nombre de semaines;

- dans la section **Colonne** ne se trouve aucun champ;

- dans la section **Données** se trouvent les champs Coût avion, Coût hôtel, Coût repas et Total.

2. Glissez le bouton **Données** afin que les informations soient en colonnes plutôt qu'en lignes.

3. Une fois le tableau croisé créé, changez les titres dans les cellules B5 à F5 pour:

Avion	Hôtel	Repas	Coût total

4. Puis ajustez les largeurs de colonnes. Ensuite, sélectionnez le tableau, à partir de la ligne 4, et appliquez le format automatique **Comptabilité 2**, mais en désactivant l'option **Largeur/Hauteur** pour ne pas changer la largeur des colonnes.

5. Votre tableau croisé étant fin prêt, imprimez les rapports suivants:

- le coût d'un voyage à Miami, pour 2 personnes, pour un nombre de semaines indéterminé (figure suivante);

- le coût d'un voyage à Los Angeles pour 4 semaines;

- le coût d'un voyage à Hawaii pour une semaine.

6.12  **EXERCICE**

Une base de données que vous auriez avantage à élaborer est celle de l'inventaire de vos biens. Qu'il s'agisse de vos biens personnels ou de ceux du bureau, il peut être difficile, après un sinistre, de se rappeler de tout ce qu'on possède. C'est pourquoi il pourrait être intéressant de créer une base de données indiquant la marque, le modèle, le prix, le numéro de série, la date, le lieu d'achat, le numéro de facture, ainsi que tout autre renseignement qui pourrait être demandé par l'assureur, pour chaque article en votre possession. Lorsque votre base de données est terminée, gardez le fichier sur votre disque, mais faites-en une copie sur une disquette que vous conserverez ailleurs. Ainsi, vous serez pleinement protégé.

Pour faire la saisie de données, on peut utiliser la grille. Pour imprimer des rapports sur l'inventaire de chaque pièce de la maison (ou département du bureau), on peut utiliser les filtres automatiques ou les tableaux croisés.

QUESTIONS DE RÉVISION

Décrivez les éléments suivants d'une base de données:

a.   Fiche ou enregistrement

_____

_____

b.   Champ

_____

_____

c.   Zone de données (ou base de données)

_____

_____

_____

d.   Filtre

_____

_____

e.   Grille

_____

_____

Réponses à l'annexe 2

Chapitre 7

INTRODUCTION AUX MACROCOMMANDES

Objectif général

Savoir créer, modifier et manipuler des fonctions personnalisées et des macrocommandes.

Objectifs spécifiques

Être en mesure:

✓ de créer une macrocommande;

✓ d'utiliser les feuilles de macro;

✓ d'exécuter une macrocommande;

✓ de modifier une macrocommande.

POURQUOI DES MACROCOMMANDES?

Vous le savez, maintenant, Excel est très puissant et offre une multitude de fonctions. Il est presque normal de ne pas les connaître toutes, tellement elles sont nombreuses. D'ores et déjà, vous savez que certaines sont plus difficiles à maîtriser ou plus longues à activer. Lorsque c'est le cas, ou lorsque certaines opérations de routine nécessitent un nombre interminable de clics, vous pouvez automatiser l'opération afin de vous faciliter la tâche.

Automatiser une tâche consiste à demander à Excel d'apprendre à faire tout seul la série de clics, de calculs et de saisies de données nécessaires, de mémoriser cette série sous un certain nom et d'exécuter automatiquement l'ensemble du travail grâce à une seule commande. C'est précisément ce que permettent les **macrocommandes** (aussi appelées **macro-instructions** ou tout simplement **macros**).

On peut créer une macrocommande pour n'importe quelle tâche, mais il s'agit de savoir si le travail nécessaire pour y arriver en vaut vraiment la peine. Bien que la réponse soit souvent affirmative, ce n'est pas toujours vrai. Dans certains cas, il faudrait programmer l'ordinateur pendant des jours afin d'obtenir le résultat voulu.

Mémoriser une macrocommande

D'une part, on peut créer une macrocommande qui ne fait qu'imprimer, enregistrer et fermer un document, par exemple. L'ordinateur pourrait alors réaliser toutes ces opérations d'un seul coup, ce qui rend cette macro simple et avantageuse. De plus, une telle macro peut être réalisée très facilement en demandant à l'ordinateur de mémoriser chacune des étapes pendant qu'on les exécute à l'écran.

Programmer une macrocommande

D'autre part, on peut aussi demander à l'ordinateur de produire une facture à partir de bases de données, de sorte que l'utilisateur n'ait qu'à taper le numéro du client, la quantité et le code de chaque produit acheté. L'ordinateur cherchera alors la description, le prix unitaire, calculera les taxes et le prix total, imprimera la facture et l'enregistrera sur disque. Une telle macro pourrait être utilisée par tous, même si on ne connaît pas la base du fonctionnement d'Excel, car elle est entièrement programmée. Par contre, elle requiert plusieurs heures de programmation, ce qui peut dissuader certaines personnes de la créer. Il faut avoir en sa possession un manuel décrivant la syntaxe et les règles d'utilisation de chaque commande, puis il faut souvent faire plusieurs essais avant d'obtenir le résultat voulu.

Utilisation d'une feuille module

Nous ne programmerons pas de macros dans les prochains exercices. Vous pourrez tout de même voir à quoi ressemble un programme macro. En effet, lorsqu'on demande à Excel de mémoriser les instructions qui composeront la macro, il doit les enregistrer quelque part afin de retrouver toutes ces informations. Pour ce faire, il ajoutera une feuille spéciale au classeur, sur laquelle seront conservés les modules de macrocommandes. Même si on ne programme pas la macro, on peut en voir le résultat et, même, le modifier en pointant sur la feuille de module.

Voici, à la page suivante, un exemple de macrocommande. Même si elle ne fait qu'inscrire **Tableau terminé le**, suivi de la date et de l'heure, et changer le format des cellules, le nombre de lignes nécessaires est assez élevé,comme vous pouvez le constater dans l'exemple à la page suivante.

L'objectif de ce manuel n'est pas de programmer une macrocommande de ce genre. Une telle tâche requiert beaucoup de temps et de connaissances en programmation. Nous allons plutôt nous limiter à enregistrer des macrocommandes simples. Ainsi, nous reprendrons le même exemple, mais par enregistrement et non par programmation. Vous aurez la possibilité d'accroître vos connaissances par la suite, en tentant vos propres expériences de programmation.

Généralement, on mémorise les commandes lorsque la macrocommande est courte et qu'elle peut se faire facilement à l'écran. Par contre, on utilise la programmation manuelle lorsque la macrocommande est plus complexe et qu'on désire ajouter certains éléments impossibles à décrire autrement. Par exemple, si on veut que la macrocommande vérifie une certaine condition et réalise une opération différente selon le cas.

Exemple de macrocommande

```
' Signature Macro
' Macro enregistrée le 1/9/95 par Pierre Lecavalier
'
'
Proc Signature()
    CelluleActive.FormuleL1C1 = "Tableau terminé le:"
    CelluleActive.Décaler(0, 1).Plage("A1").Sélectionner
    CelluleActive.FormuleL1C1 = "=AUJOURDHUI()"
    CelluleActive.Décaler(1, -1).Plage("A1").Sélectionner
    CelluleActive.FormuleL1C1 = "à:"
    CelluleActive.Décaler(0, 1).Plage("A1").Sélectionner
    CelluleActive.FormuleL1C1 = "=MAINTENANT()"
    CelluleActive.Sélectionner
    Sélection.FormatNombre = "h:mm:ss"
    CelluleActive.Décaler(-1, -1).Plage("A1:B2").Sélectionner
    Sélection.ColonneEntière.AjusterAutomatiquement
    Avec Sélection
        .AlignementHorizontal = xlDroite
        .AlignementVertical = xlBas
        .RenvoiLigneAutomatique = Faux
        .Orientation = xlHorizontal
    Fin Avec
    Avec Sélection.Police
        .Nom = "Arial"
        .StylePolice = "Gras Italique"
        .Taille = 10
        .Barré = Faux
        .Exposant = Faux
        .Indice = Faux
        .Relief = Faux
        .Ombré = Faux
        .Soulignement = xlAucun
        .IndexCouleur = 10
    Fin Avec
    Sélection.Bordures(xlGauche).StyleTrait = xlAucun
    Sélection.Bordures(xlDroite).StyleTrait = xlAucun
    Sélection.Bordures(xlHaut).StyleTrait = xlAucun
    Sélection.Bordures(xlBas).StyleTrait = xlAucun
    Sélection.Contour Epaisseur:=xlMoyen, IndexCouleur:=xlAutomatique
    Avec Sélection.Intérieur
        .IndexCouleur = 36
        .Motif = xlUni
        .IndexCouleurMotif = xlAutomatique
    Fin Avec
    Sélection.ColonneEntière.AjusterAutomatiquement
    CelluleActive.Décaler(1, 0).Plage("A1:B1").Sélectionner
    Sélection.Bordures(xlHaut).StyleTrait = xlAucun
    Avec Sélection.Bordures(xlBas)
        .Epaisseur = xlEpais
        .IndexCouleur = xlAutomatique
    Fin Avec
    Sélection.Contour StyleTrait:=xlAucun
    CelluleActive.Décaler(-1, 1).Plage("A1:A2").Sélectionner
    Sélection.Bordures(xlGauche).StyleTrait = xlAucun
    Avec Sélection.Bordures(xlDroite)
        .Epaisseur = xlEpais
        .IndexCouleur = xlAutomatique
    Fin Avec
    Sélection.Contour StyleTrait:=xlAucun
    CelluleActive.Décaler(3, 0).Plage("A1").Sélectionner
Fin Proc
```

MÉMORISER UNE MACROCOMMANDE

Pour construire une macrocommande ou une fonction, la première étape consiste à préparer adéquatement la feuille de calcul. Pour que la macrocommande fonctionne bien, il faut qu'elle soit programmée en tenant compte de toutes les situations possibles. Par exemple, si la macro sert à imprimer le tableau, il est préférable de définir la zone d'impression avant de programmer ou d'utiliser la macro. Si, à l'inverse, on la définit dans la macro, il est possible que celle-ci imprime toujours les mêmes cellules et qu'on ne puisse pas l'utiliser pour un tableau de grandeur différente. Or, si on définit la zone à imprimer avant d'activer la macro, elle imprimera la zone en question, mais elle pourra être de grandeur variable. C'est ainsi qu'on prépare la feuille avant d'enregistrer ou d'exécuter la macro. Après cela, il ne reste qu'à enregistrer chaque opération qu'elle doit réaliser, puis à arrêter l'enregistrement.

Pour le premier exemple, nous allons utiliser la base de données sur les bibliothèques vue au chapitre précédent. Pour rendre l'exemple plus convaincant, nous allons créer deux macrocommandes. La première ne fera que trier en fonction du code postal, alors que la deuxième fera un tri en fonction du nom et imprimera le résultat.

Démarrer l'enregistrement de la macro

Pour réaliser ces exemples, il faut d'abord ouvrir le fichier contenant la base de données. Puis on démarre l'enregistrement et on exécute chaque fonction voulue. Voici la marche à suivre pour obtenir ce résultat. Les étapes sont ensuite décrites une par une.

MARCHE À SUIVRE

1. Préparer la feuille pour l'exécution de la macro en déplaçant le pointeur à la cellule de départ ou en sélectionnant les cellules à modifier, par exemple.

2. Du menu **Outils**, choisir **Macro**, puis **Nouvelle Macro**.

3. Donner un nom à la macro, dans la section **Nom de la macro**.

4. Compléter la **Description** si nécessaire.

5. Pour **Affecter** la macro à un raccourci, inscrire la lettre dans la case à droite de *Ctrl +*.

6. Choisir sur quelle feuille macro enregistrer les commandes, par la section **Enregistrer la macro dans**.

7. Cliquer sur **OK**.

8. Activer l'option **Références Relatives** en cliquant sur le bouton illustré en marge.

9. Exécuter ensuite toutes les opérations à enregistrer dans la macro.

10. Cliquer sur le bouton illustré dans la marge afin d'arrêter l'enregistrement de la macro.

Nom de la macro

Dans cette boîte, le *Nom* est celui qu'il faudra choisir pour exécuter la macrocommande. On peut toutefois éviter d'utiliser le nom en assignant une lettre du clavier comme raccourci (*Touche de raccourci*) pour activer la macro. Dans ce cas, il suffit de maintenir la touche **Ctrl** enfoncée et d'appuyer sur la lettre choisie pour activer la fonction. On peut aussi créer un nouveau bouton dans la barre d'outils et lui assigner la macro. Dans ce cas, il suffit de cliquer sur le bouton pour démarrer la macro.

Mais il faut se restreindre car on ne peut pas assigner plus d'une macro à la même lettre, sinon il y aura des conflits entre les appels de macrocommandes. De plus, Excel utilise déjà plusieurs lettres pour certaines de ses fonctions (par exemple, **Ctrl-p** imprime et **Ctrl-a** sélectionne toutes les cellules d'une feuille). Il faut donc prendre soin d'éviter les confusions. Si toutes vos macrocommandes sont sur la même feuille, il est possible de trouver une lettre qui ne soit pas utilisée plus d'une fois. Mais il peut arriver que vos macros soient sur plus d'une feuille, ce qui augmente les risques de conflit. On ne donne donc un raccourci qu'aux macrocommandes les plus souvent utilisées. Un raccourci macro (**Ctrl-a**) supplante la fonction existante **Ctrl-a** (sélection de toute la feuille).

Le nom des macros doit être écrit sans espace. De plus, évitez tous les symboles typographiques, sauf le point (.) et le soulignement (_) qui peuvent être utilisés au lieu de l'espace pour séparer les mots. Le nom ne peut dépasser 255 caractères; il ne peut pas débuter par un chiffre et ne doit pas ressembler à une adresse.

Emplacement de la macro

La macrocommande peut être enregistrée dans le classeur actif, dans un autre classeur ou sur une feuille macro personnelle nommée PERSO.XLS et enregistrée dans le dossier **XLOUVRIR** de **OFFICE**. Tous les fichiers qui se trouvent dans ce répertoire spécial d'Excel sont automatiquement ouverts en même temps que le logiciel.

Vous pouvez donc y enregistrer n'importe quelle macro, à condition qu'elle soit assez générale pour être utilisée dans plusieurs situations différentes. Sinon, il est préférable de l'enregistrer dans le classeur actif. C'est dans la section **Enregistrer la macro dans** qu'on sélectionne le classeur.

Exemple de macro

Dans notre exemple, après avoir préparé la feuille de calcul, on place le curseur à la cellule A1 avant de démarrer l'enregistrement de la macro. Dans la boîte de dialogue, on donne le titre **Tri_par_CP** à la macro. La macrocommande sera enregistrée dans le classeur actif et aucun raccourci ne sera utilisé. Après avoir cliqué sur **OK**, on s'assure que le bouton **Références relatives** est activé, puis on commence l'enregistrement. Vous pouvez toujours savoir si votre ordinateur est en mode d'enregistrement car il l'indique au bas de l'écran, sur la ligne de statut, et le bouton d'arrêt de l'enregistrement apparaît à l'écran.

La première étape à enregistrer est le tri. On choisit donc le menu **Données** et l'option **Trier**. Puis on règle le champ CP comme première clé et le champ ADRESSE comme deuxième clé. Toutes les autres options de la boîte de dialogue restent inchangées (le tri est croissant). Après avoir cliqué sur le bouton **OK** de cette boîte, l'ordinateur fait le tri de la base de données. Lorsque toutes ces étapes sont réalisées, on doit arrêter l'enregistrement.

Avant d'utiliser la macrocommande, nous allons en créer une deuxième. Celle-là fera un autre tri, cette fois par nom de bibliothèque. De plus, elle imprimera automatiquement la feuille de calcul. La marche à suivre est à peu près la même. Après avoir sélectionné la zone d'enregistrement de la macro, suivez les étapes suivantes:

Opérations à mémoriser

1. Dans la feuille de calcul, placer le pointeur à la première cellule de la base de données.

2. Démarrer ensuite l'enregistrement de la macro. Lui donner le nom **Tri_par_nom** et inscrire le raccourci *Ctrl* et *t*. La macro sera enregistrée dans le classeur actif.

3. Activer le bouton **Références relatives**, si ce n'est pas déjà fait.

4. Choisir l'option **Trier** du menu **Données**.

5. Sélectionner une seule clé qui est le champ BIBLIOTHÈQUE.

6. Cliquer sur **OK** et le tri s'exécute.

7. Du menu **Fichier**, choisir **Mise en page** et l'onglet **Page**. Choisir une orientation **Paysage** pour le papier.

8. Dans la même boîte de dialogue, choisir l'onglet **Marges** et les options **Centrer la page Verticalement** ainsi que **Horizontalement**.

9. Par l'onglet **En-tête/Pied de page**, ajouter le texte **Imprimé le** suivi par la date et l'heure dans la section de droite du bas de page (on conserve les autres paramètres).

10. Finalement, choisir l'onglet **Feuille**, puis désactiver le **Quadrillage** et activer l'option **Impression Vers le bas, puis à droite**.

11. Cliquer sur **OK**, choisir l'option **Aperçu avant impression** du menu **Fichier**, puis cliquer sur **Fermer** pour terminer.

12. Si vous le voulez, vous pouver cliquer sur le bouton **Imprimer**.

13. Cliquer enfin sur le bouton pour arrêter l'enregistrement.

Comme l'ordinateur exécute vraiment les fonctions au moment de l'enregistrement, une feuille s'imprimera. Toutefois, vous pourrez constater que votre macrocommande fonctionne bien, sans quoi il faudra tout recommencer.

Exécuter la macrocommande

Pour valider nos macrocommandes, il faut d'abord sélectionner les lignes à trier de la base de données. Comme nous avons toujours opéré cette sélection avant de commencer l'enregistrement de la macro, celle-ci ne le fera pas pour nous. La raison qui motive cette étape manuelle est que le nombre de lignes de la base de données peut varier; il faudrait alors modifier la macrocommande chaque fois, alors que la macro actuellement programmée laisse le soin à l'utilisateur de définir la zone. On pourrait même ne sélectionner qu'une seule partie de la base de données et le fonctionnement serait encore correct.

 **MARCHE À SUIVRE**

1. Sélectionner, au besoin, la ou les cellules à modifier.

2. Maintenir la touche *Ctrl* enfoncée et appuyer sur la lettre associée à la macro.

   OU

   Dans le menu **Outils**, choisir l'option **Macro**, puis de nouveau l'option **Macro** (la boîte de dialogue suivante apparaît).

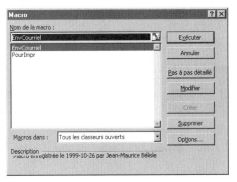

3. Choisir le nom de la macro à exécuter et cliquer sur **Exécuter**.

Cette boîte de dialogue montre toutes les macros qui existent présentement. Dans la section *Description*, on a pris soin d'inscrire des détails importants tels que le rôle de la macro et la touche du raccourci clavier utilisée.

Pour sélectionner une macro, il suffit de cliquer sur celle de son choix puis de choisir **Exécuter**. Il y a une option, toutefois, qui permet d'exécuter la macro étape par étape. C'est le bouton **Pas à Pas**. Celui-ci permet de lancer l'exécution de la macro, mais en contrôlant manuellement chacune de ses commandes. Ainsi, il est plus facile de trouver une erreur lorsque la macro ne fonctionne pas bien. Par contre, le seul moyen de remédier au problème est de recommencer la macro, sinon il faut programmer les corrections, ce qui n'est pas évident à réaliser.

Pour notre exemple, nous allons tenter d'exécuter les deux macros que nous avons créées. Dans un premier temps, nous allons trier chaque fiche par code postal, puis nous allons, en utilisant le raccourci clavier, les trier par nom de bibliothèque.

1. Placer le curseur à la cellule A1, sur le titre NO.

2. Exécuter la macro **Tri_par_CP** à partir du menu **Macro**.

3. Lorsque c'est terminé, on voit que les fiches sont par ordre de codes postaux.

4. Appuyer sur *Ctrl-t* pour trier par ordre de noms et obtenir l'aperçu avant impression.

5. Pour imprimer, il faut cliquer sur le bouton **Imprimer**.

6. Pour terminer, il faut cliquer sur le bouton **Fermer**.

7.1  **EXERCICE**

Cet exercice permet de se familiariser avec la création d'une macrocommande simple.

Par enregistrement, créez une macrocommande.

1. Ouvrez la feuille sur les employés créée au chapitre précédent.

2. Faites le tri de cette liste par numéro d'employé.

3. Imprimez la liste complète.

4. Enregistrez le résultat sur disque.

5. Fermez la feuille.

Démarrez la macro par les touches *Ctrl* et *e*. Si tout fonctionne bien, vous n'aurez qu'à taper ces touches et tout le travail sera fait pour vous!

7.2

EXERCICE

Cet exercice permet de se familiariser avec la création d'une macrocommande simple.

Par enregistrement, créez une macrocommande.

1. Nommez les cellules sélectionnées «tableau».

2. Par l'option **Mise en page** du menu **Fichier**, réglez le tableau pour qu'il s'imprime sur une seule page et qu'il soit au centre de celle-ci.

3. Par le même menu, ajoutez votre nom dans l'en-tête et la date dans le pied de page.

4. Enregistrez le fichier.

5. Imprimez le champ nommé «tableau».

Cette macro peut s'appliquer à n'importe quel tableau; toutefois, pour qu'elle fonctionne bien, il faut d'abord sélectionner les cellules du tableau. Essayez la macro sur différents tableaux pour la valider.

7.3

EXERCICE

Cet exercice permet de se familiariser avec la création d'une macrocommande simple.

Par enregistrement, créez une macrocommande.

1. Inscrivez votre nom dans une cellule.

2. Déplacez le pointeur sous celle-ci (utilisez le clavier).

3. Inscrivez **Imprimé le:**

4. Déplacez le pointeur à droite (utilisez le clavier).

5. Inscrivez la fonction **=MAINTENANT()**.

6. Faites un bloc de ces trois cellules (utilisez la touche *Maj* (*Shift*) avec les flèches du clavier).

7. Par le menu **Format**,

   a. ajustez automatiquement la largeur des colonnes;

   b. faites un cadre autour de la sélection;

   c. changez la couleur du fond pour la couleur grise;

   d. changez la couleur du texte pour la couleur mauve;

   e. changez la police pour gras et italique.

8. Déplacez le pointeur sous ces cellules pour désactiver le bloc (utilisez le clavier).

9. Imprimez le résultat.

10. Enregistrez le classeur sous le même nom.

Cette macro peut aussi s'appliquer à n'importe quel tableau, mais pour qu'elle fonctionne bien, il faut placer le curseur au bon endroit. Essayez la macro sur différents tableaux pour voir si elle fonctionne bien.

7.4  EXERCICE

Cet exercice permet de se familiariser avec la création d'une macrocommande simple.

Par enregistrement, créez une macrocommande.

1. Insérez une nouvelle feuille.

2. Inscrivez dans les cellules de la ligne 1, en débutant par la colonne B, tous les jours de la semaine, de dimanche à samedi.

3. Inscrivez les heures de 8:00 à 21:00 dans les cellules de la colonne A.

4. Placez le pointeur à la cellule B2.

Cette macro vous prépare une feuille pour votre horaire de la semaine.

UTILISATION D'UNE MACROCOMMANDE

On a déjà vu deux techniques pour démarrer une macrocommande. En plus du menu **Outils-Macro** et des raccourcis clavier, il existe trois autres moyens pour avoir accès à une macrocommande. Le premier est de l'ajouter sous forme de bouton à une des barres d'outils. Le deuxième est de l'associer à un dessin à l'écran. Et le dernier consiste à placer l'option dans le menu **Outils**.

Dans le premier cas, il faut personnaliser la barre d'outils et choisir un bouton de la catégorie **Personnalisation**. Puis, on associe la macro, qui doit avoir été programmée à l'avance, à ce bouton.

 ### MARCHE À SUIVRE

1. Dans le menu **Affichage,** choisir **Barre d'outils** puis **Personnaliser**.

2. Dans la boîte de dialogue, cliquer sur l'onglet **Commandes**.

3. Choisir la catégorie **Macros**; glisser le bouton **Personnalisé** sur une des barres d'outils.

4. Lorsque le bouton apparaît dans la barre d'outils, cliquer sur le bouton **Modifier la sélection**, puis sur **Affecter une macro**.

5. Choisir la macro et cliquer sur **OK**.

6. Pour changer le dessin du bouton, cliquer sur **Modifier la sélection** puis choisir **Modifier l'image du bouton** ou choisir **Éditeur de bouton**.

7. Cliquer sur **Fermer** pour terminer.

L'autre technique consiste à créer un dessin dans la feuille de calcul et à associer la macro à celui-ci. Pour faire le dessin, on utilise la barre d'outils **Dessin**. Après avoir dessiné le bouton ou le dessin, on peut lui associer une macrocommande. On doit le sélectionner, à l'aide du bouton droit de la souris, et choisir l'option **Affecter une macro**.

Pour exécuter une macro à partir de ces deux dernières méthodes, il suffit de cliquer sur le bouton ou sur le dessin.

EXERCICE

7.5

Cet exercice permet de se familiariser avec la création d'une macrocommande conjointement avec les bases de données.

1. Récupérez la base de données sur les employés (exercice 5.3) et enregistrez séparément les trois macrocommandes suivantes:

- Macro nommée TRIER, qui fait un tri par jour de vacances utilisé (col. H).

- Macro nommée SAISIR, qui fait l'extraction selon le critère déjà défini.

- Macro nommée IMPRIMER, qui imprime la zone d'extraction.

2. Puis, au bas de l'écran, dessinez trois boutons que vous nommerez TRIER, SAISIR et IMPRIMER, et auxquels vous allez associer les macrocommandes précédentes.

Il vous suffit ensuite d'inscrire une condition de sélection dans la zone de critères, de sélectionner tous les enregistrements de la base de données et de cliquer sur l'un ou l'autre des boutons selon votre choix. En les utilisant dans l'ordre, vous allez trier la liste, extraire les enregistrements qui répondent aux critères et imprimer le résultat.

LISTE DES EMPLOYÉS

No	Nom	Titre	Embauche	Poste	Maladies	Vacances	Salaire
675	R. Sirois	Commis	92-03-08	893	5	15	14 $
931	J. Parent	Commis	84-05-13	894	15	20	18 $
290	P. Verville	Commis	83-06-23	850	10	15	21 $
359	J. Lapointe	Commis	93-03-11	850	10	15	15 $
724	M. Favreau	Directeur	92-03-13	850	10	15	30 $
556	D. Lemire	Directeur	85-07-14	834	15	30	40 $
814	J. Moreau	Directeur	91-11-29	839	10	15	30 $
809	P. Légaré	Directeur	89-11-05	840	15	30	40 $
318	Y. Deschamps	Président	83-02-14	889	100	100	60 $
674	C. Desrochers	Secrétaire	88-06-29	867	10	20	16 $

TRIER SAISIR IMPRIMER

SUPPRIMER UNE MACROCOMMANDE

Lorsqu'une macrocommande ne répond plus à vos besoins ou que vous en avez créé une nouvelle qui la remplacera, vous devez la supprimer pour éviter la perte d'espace disque, mais aussi la confusion qu'elle pourrait créer.

MARCHE À SUIVRE

1. Dans le menu **Outils**, choisir l'option **Macro**, puis de nouveau l'option **Macro**.

2. Dans la fenêtre qui apparaît, choisir la macro à supprimer et puis cliquer sur le bouton **Supprimer**.

*Si vous ne pouvez trouver votre macro dans la liste, assurez-vous d'afficher les macros de tous les classeurs ouverts en utilisant la liste **Macros dans:** de la fenêtre de dialogue.*

QUESTIONS DE RÉVISION

1. **Indiquez quatre façons différentes d'exécuter une macrocommande:**

   _____

   _____

   _____

   _____

2. **Indiquez deux techniques différentes pour créer des macro-commandes:**

   _____

   _____

   _____

   _____

3. **Associez les éléments de la colonne de droite avec ceux de la colonne de gauche.**

   a.   Feuille macro   Ouvrir automatiquement

   b.   *Ctrl-e*   Macro commune à plusieurs feuilles

   c.   Barre de dessin   Programmation

   d.   Classeur personnalisé   Démarrer

   e.   Pas à pas   Module

   f.   XLOUVRIR   Macro associée à un objet

Réponses à l'annexe 2

GROUPE C

Annexe 1

LISTE DES FONCTIONS D'EXCEL

Cette liste contient les fonctions de base fournies par Excel et n'est pas nécessairement complète. Certaines fonctions avancées peuvent être ajoutées en utilisant la rubrique «macros complémentaires» du menu **Outils**.

FONCTIONS STATISTIQUES

BETA.INVERSE	Renvoie, pour une probabilité donnée, la valeur d'une variable aléatoire suivant une loi Bêta.
CENTILE	Renvoie le k^e centile des valeurs d'une plage.
CENTREE.REDUITE	Renvoie une valeur centrée réduite.
COEFFICIENT.ASYMETRIE	Renvoie l'asymétrie d'une distribution.
COEFFICIENT.CORRELATION	Renvoie le coefficient de corrélation entre deux séries de données.
COEFFICIENT.DETERMINATION	Renvoie la valeur du coefficient de détermination R^2 d'une régression linéaire.
COVARIANCE	Renvoie la covariance, moyenne des produits de deux variables centrées sur leurs espérances mathématiques.
CRITERE.LOI.BINOMIALE	Renvoie la plus petite valeur pour laquelle la distribution binomiale cumulée est supérieure ou égale à une valeur critère.
CROISSANCE	Renvoie les valeurs de y en fonction d'une courbe exponentielle.
DROITEREG	Renvoie les paramètres d'une tendance linéaire.
ECART.MOYEN	Renvoie la moyenne des écarts absolus des observations par rapport à leur moyenne arithmétique.

ECARTYPE	Évalue l'écart-type d'une population en se basant sur un échantillon de cette population.
ECARTYPEP	Calcule l'écart-type d'une population à partir de la population entière.
ERREUR.TYPE.XY	Renvoie l'erreur-type de la valeur y prévue pour chaque x de la régression.
FISHER.INVERSE	Renvoie la transformation de Fisher inverse.
FISHER	Renvoie la transformation de Fisher.
FREQUENCE	Renvoie une distribution fréquentielle sous forme de matrice verticale.
GRANDE.VALEUR	Renvoie la k^e plus grande valeur d'une série de données.
INTERVALLE.CONFIANCE	Renvoie l'intervalle de confiance pour la moyenne d'une population.
INVERSE.LOI.F	Renvoie, pour une probabilité donnée, la valeur d'une variable aléatoire suivant une loi F.
KHIDEUX.INVERSE	Renvoie, pour une probabilité unilatérale donnée, la valeur d'une variable aléatoire suivant une loi du Khi-deux.
KURTOSIS	Renvoie le kurtosis d'une série de données.
LNGAMMA	Renvoie le logarithme népérien de la fonction Gamma, G(x).
LOGREG	Renvoie les paramètres d'une tendance exponentielle.
LOI.BETA	Renvoie la probabilité d'une variable aléatoire continue suivant une loi de probabilité Bêta.
LOI.BINOMIALE	Renvoie la probabilité d'une variable aléatoire discrète suivant la loi binomiale.
LOI.BINOMIALE.NEG	Renvoie la probabilité d'une variable aléatoire discrète suivant une loi binomiale négative.
LOI.EXPONENTIELLE	Renvoie la probabilité d'une variable aléatoire continue suivant une loi exponentielle.
LOI.F	Renvoie la probabilité d'une variable aléatoire suivant une loi F.
LOI.GAMMA	Renvoie la probabilité d'une variable aléatoire suivant une loi Gamma.
LOI.GAMMA.INVERSE	Renvoie, pour une probabilité donnée, la valeur d'une variable aléatoire suivant une loi Gamma.
LOI.HYPERGEOMETRIQUE	Renvoie la probabilité d'une variable aléatoire discrète suivant une loi hypergéométrique.
LOI.KHIDEUX	Renvoie la probabilité d'une variable aléatoire continue suivant une loi unilatérale du Khi-deux.

LOI.LOGNORMALE	Renvoie la probabilité d'une variable aléatoire continue suivant une loi lognormale.
LOI.LOGNORMALE.INVERSE	Renvoie l'inverse de la probabilité pour une variable aléatoire suivant la loi lognormale.
LOI.NORMALE	Renvoie la probabilité d'une variable aléatoire continue suivant une loi normale.
LOI.NORMALE.INVERSE	Renvoie, pour une probabilité donnée, la valeur d'une variable aléatoire suivant une loi normale.
LOI.NORMALE.STANDARD	Renvoie la probabilité d'une variable aléatoire continue suivant une loi normale standard (ou centrée réduite).
LOI.NORMALE.STANDARD.INVERSE	Renvoie, pour une probabilité donnée, la valeur d'une variable aléatoire suivant une loi normale standard (ou centrée réduite).
LOI.POISSON	Renvoie la probabilité d'une variable aléatoire suivant une loi de Poisson.
LOI.STUDENT	Renvoie la probabilité d'une variable aléatoire suivant une loi T de Student.
LOI.STUDENT.INVERSE	Renvoie, pour une probabilité donnée, la valeur d'une variable aléatoire suivant une loi T de Student.
LOI.WEIBULL	Renvoie la probabilité d'une variable aléatoire suivant une loi de Weibull.
MAX	Donne le plus grand nombre de la liste d'arguments.
MEDIANE	Renvoie la valeur médiane des nombres.
MIN	Renvoie la valeur minimale des nombres.
MODE	Renvoie la valeur la plus fréquente d'une série de données.
MOYENNE	Renvoie la moyenne des nombres.
MOYENNE.GEOMETRIQUE	Renvoie la moyenne géométrique.
MOYENNE.HARMONIQUE	Renvoie la moyenne harmonique.
MOYENNE.REDUITE	Renvoie la moyenne de l'intérieur d'une série de données.
NB	Détermine combien de nombres sont compris dans la liste des arguments.
NBVAL	Détermine combien de valeurs sont comprises dans la liste des arguments.
ORDONNEE.ORIGINE	Renvoie l'ordonnée à l'origine de la droite de régression linéaire.
PEARSON	Renvoie le coefficient de corrélation d'échantillonnage de Pearson.

PENTE	Renvoie la pente d'une droite de régression linéaire.
PERMUTATION	Renvoie le nombre de permutations pour un nombre donné d'objets.
PETITE.VALEUR	Renvoie la k^e plus petite valeur d'une série de données.
PREVISION	Renvoie une valeur suivant une tendance linéaire.
PROBABILITE	Renvoie la probabilité que des valeurs d'une plage soient comprises entre deux limites.
QUARTILE	Renvoie le quartile d'une série de données.
RANG	Renvoie le rang d'un nombre dans une liste d'arguments.
RANG.POURCENTAGE	Renvoie le rang en pourcentage d'une valeur d'une série de données.
SOMME.CARRES.ECARTS	Renvoie la somme des carrés des écarts.
TENDANCE	Calcule les valeurs par rapport à une tendance linéaire.
TEST.F	Renvoie le résultat d'un test F.
TEST.KHIDEUX	Renvoie le test d'indépendance.
TEST.STUDENT	Renvoie la probabilité associée à un test T de Student.
TEST.Z	Renvoie la valeur bilatérale P du test Z.
VAR	Estime la variance d'une population en se basant sur un échantillon de cette population.
VAR.P	Calcule la variance d'une population en se basant sur la population entière.

FONCTIONS MATHÉMATIQUES ET TRIGONOMÉTRIQUES

ABS	Renvoie la valeur absolue d'un nombre.
ACOS	Renvoie l'arccosinus d'un nombre.
ACOSH	Renvoie le cosinus hyperbolique inverse d'un nombre.
ALEA	Donne un nombre aléatoire entre 0 et 1.
ALEA.ENTRE.BORNES	Renvoie un nombre aléatoire entre les nombres que vous précisez.
Arc cosécante	Arccosec(X) = Atn(X / Sqr(X * X - 1)) + (Sgn(X) - 1) * 1,5708
Arc cosinus	Arccos(X) = Atn(-X / (-X * X + 1)) + 1,5708.
Arc cotangente	Arccot(X) = Atn(X) + 1,5708

Arc sécante	Arcsec(X) = Atn(X / Sqr(X * X - 1)) + Sgn((X) -1) * 1,5708
Arc sinus	Arcsin(X) = Atn(X / Sqr(-X * X + 1))
ARRONDI	Arrondit un nombre au nombre de chiffres indiqué.
ARRONDI.AU.MULTIPLE	Donne l'arrondi d'un nombre au multiple précisé.
ARRONDI.INF	Arrondit un nombre en tendant vers zéro.
ARRONDI.SUP	Arrondit un nombre en s'éloignant de zéro.
ASIN	Renvoie l'arcsinus d'un nombre.
ASINH	Renvoie le sinus hyperbolique inverse d'un nombre.
ATAN	Renvoie l'arctangente d'un nombre.
ATAN2	Renvoie l'arctangente des coordonnées x et y.
ATANH	Renvoie la tangente hyperbolique inverse d'un nombre.
COMBIN	Renvoie le nombre de combinaisons que l'on peut former avec un nombre donné d'éléments.
COS	Renvoie le cosinus d'un nombre.
COSH	Renvoie le cosinus hyperbolique d'un nombre.
Cosécante	Cosec(X) = 1 / Sin(X)
Cosécante hyperbolique	Cosech(X) = 2 / (Exp(X) - Exp(-X))
Cosécante hyperbolique inverse	Argcosech(X) = Log((Sgn(X) * Sqr(X * X + 1) +1) / X)
Cosinus hyperbolique	Cosh(X) = (Exp(X) + Exp(-X)) / 2
Cosinus hyperbolique inverse	Argch(X) = Log(X + Sqr(X * X - 1))
Cotangente	Cot((X) = 1 / Tan(X)
Cotangente hyperbolique	Coth(X) = (Exp(X) + Exp(-X)) / (Exp(X) - Exp(-X))
Cotangente hyperbolique inverse	Argcoth(X) = Log((X + 1) / (X - 1)) / 2
DEGRES	Convertit des radians en degrés.
DETERMAT	Donne le déterminant d'une matrice.
ENT	Arrondit un nombre à l'entier immédiatement inférieur.
EXP	Donne e (2,718) élevé à la puissance précisée.
FACT	Donne la factorielle d'un nombre.
FACTDOUBLE	Renvoie la factorielle double d'un nombre.
IMPAIR	Arrondit un nombre au nombre entier impair de valeur absolue immédiatement supérieure.
INVERSEMAT	Donne l'inverse d'une matrice.
LN	Donne le logarithme népérien d'un nombre.

LOG10	Calcule le logarithme en base 10 d'un nombre.
LOG	Donne le logarithme d'un nombre dans la base précisée.
Logarithme en base N	$LogN(X) = Log(X) / Log(N)$
MOD	Donne le reste d'une division.
MULTINOMIALE	Renvoie la probabilité d'une distribution multinomiale.
NB.SI	Détermine le nombre de cellules non vides répondant à un critère à l'intérieur d'une plage.
PAIR	Arrondit un nombre au nombre entier pair le plus proche en s'éloignant de zéro.
PGCD	Donne le plus grand commun diviseur.
PI	Renvoie la valeur de pi avec une précision de15 décimales.
PLAFOND	Arrondit un nombre à l'entier ou au multiple le plus proche de l'argument précision en s'éloignant de zéro.
PLANCHER	Arrondit un nombre à l'entier ou au multiple le plus proche de l'argument précision en tendant vers zéro.
PPCM	Renvoie le plus petit commun multiple.
PRODUITMAT	Calcule le produit de deux matrices.
PRODUIT	Calcule le produit des arguments.
PUISSANCE	Renvoie la valeur du nombre élevé à une puissance.
QUOTIENT	Renvoie la partie entière du résultat d'une division.
RACINE	Donne la racine carrée d'un nombre.
RACINE.PI	Donne la racine carrée du produit (PI * nombre).
RADIANS	Convertit des degrés en radians.
ROMAIN	Convertit un chiffre arabe en chiffre romain sous forme de texte.
Sécante	$Sec(X) = 1 / Cos(X)$
Sécante hyperbolique	$Sech(X) = 2 / (Exp(X) + Exp(-X))$
Sécante hyperbolique inverse	$Argsech(X) = Log((Sqr(-X * X + 1) + 1) / X)$
SIGNE	Donne le signe d'un nombre.
SIN	Renvoie le sinus d'un nombre.
SINH	Renvoie le sinus hyperbolique d'un nombre.
Sinus hyperbolique	$Sinh(X) = (Exp(X) - Exp(-X)) / 2$
Sinus hyperbolique inverse	$Argsh(X) = Log(X + Sqr(X * X + 1))$

SOMME	Calcule la somme des arguments.
SOMME.CARRES	Renvoie la somme des carrés des arguments.
SOMMEPROD	Donne la somme des produits des éléments de matrice correspondants.
SOMME.SERIES	Renvoie la somme d'une série géométrique.
SOMME.SI	Additionne des cellules précisées si elles répondent à un certain critère.
SOMME.X2MY2	Renvoie la somme de la différence des carrés des valeurs correspondantes de deux matrices.
SOMME.X2PY2	Renvoie la somme de la somme des carrés des valeurs correspondantes de deux matrices.
SOMME.XMY2	Renvoie la somme des carrés des différences entre les valeurs correspondantes de deux matrices.
TAN	Renvoie la tangente d'un nombre.
Tangente hyperbolique	$Tanh(X) = (Exp(X) - Exp(-X)) / (Exp(X) + Exp(-X))$
Tangente hyperbolique inverse	$Argth(X) = Log((1 + X) / (1 - X)) / 2$
TANH	Donne la tangente hyperbolique d'un nombre.
TRONQUE	Renvoie la partie entière d'un nombre.

FONCTIONS FINANCIÈRES

AMORDEGRC	Renvoie l'amortissement correspondant à chaque période comptable.
AMORLIN	Calcule l'amortissement linéaire d'un bien pour une période donnée.
AMORLINC	Renvoie l'amortissement linéaire complet d'un bien à la fin d'une période financière donnée.
CUMUL.INTER	Donne le cumulé des intérêts payés entre deux périodes données.
CUMUL.PRINCPER	Donne le cumulé du remboursement du principal entre deux périodes données.
DATE.COUPON.PREC	Calcule le nombre de jours entre la date du coupon précédant la date de liquidation et la date de liquidation.
DATE.COUPON.SUIV	Détermine la date du coupon suivant la date de liquidation.
DB	Renvoie l'amortissement d'un bien pour une période précise en utilisant la méthode de l'amortissement décroissant à taux fixe.
DDB	Renvoie l'amortissement d'un bien durant une période précise suivant la méthode de

l'amortissement dégressif à taux double ou selon un coefficient à préciser.

DUREE	Calcule la durée d'un titre avec des paiements d'intérêts périodiques.
DUREE.MODIFIEE	Renvoie la durée de Macauley modifiée d'un titre, pour une valeur nominale considérée égale à 100 F.
INTERET.ACC.MAT	Renvoie l'intérêt couru non échu d'un titre dont l'intérêt est perçu à l'échéance.
INTERET.ACC	Renvoie l'intérêt couru non échu d'un titre dont l'intérêt est perçu périodiquement.
INTPER	Calcule le montant des intérêts d'un investissement pour une période donnée.
NB.COUPONS	Calcule le nombre de coupons entre la date de liquidation et la date d'échéance.
NB.JOURS.COUPONS	Affiche le nombre de jours pour la période du coupon contenant la date de liquidation.
NB.JOURS.COUPON.PREC	Calcule le nombre de jours entre le début de la période de coupon et la date de liquidation.
NB.JOURS.COUPON.SUIV	Calcule le nombre de jours entre la date de liquidation et la date du coupon suivant la date de liquidation.
NPM	Calcule le nombre de paiements pour un investissement donné.
PRINCPER	Calcule la part de remboursement du principal d'un emprunt pour une période donnée.
PRIX.BON.TRESOR	Renvoie le prix d'un bon du trésor d'une valeur nominale de 100 F.
PRIX.DCOUPON.IRREG	Renvoie le prix d'un titre d'une valeur nominale de 100 F dont la dernière période est irrégulière.
PRIX.DEC	Convertit la valeur des cotations boursières de la forme fractionnaire à la forme décimale.
PRIX.FRAC	Convertit la valeur des cotations boursières de la forme décimale à la forme fractionnaire.
PRIX.PCOUPON.IRREG	Renvoie le prix pour une valeur nominale de 100 F d'un titre dont la première période est irrégulière.
PRIX.TITRE.ECHEANCE	Renvoie le prix d'un titre dont la valeur nominale est 100 F et qui rapporte des intérêts à l'échéance.
PRIX.TITRE	Renvoie le prix d'un titre rapportant des intérêts périodiques, pour une valeur nominale de 100 F.

REND.DCOUPON.IRREG	Calcule le rendement d'un titre dont la dernière période est irrégulière.
REND.PCOUPON.IRREG	Calcule le rendement d'un titre dont la première période est irrégulière.
RENDEMENT.BON.TRESOR	Calcule le taux de rendement d'un bon du trésor.
RENDEMENT.SIMPLE	Calcule le taux de rendement d'un emprunt à intérêt simple.
RENDEMENT.TITRE	Calcule le rendement d'un titre rapportant des intérêts périodiquement.
RENDEMENT.TITRE.ECHEANCE	Renvoie le rendement annuel d'un titre qui rapporte des intérêts à l'échéance.
SYD	Calcule l'amortissement d'un bien pour une période donnée sur la base de la méthode américaine Sum-of-Years Digits.
TAUX	Calcule le taux d'intérêt par période d'un investissement donné.
TAUX.EFFECTIF	Calcule le taux effectif à partir du taux nominal et du nombre de périodes.
TAUX.ESCOMPTE	Calcule le taux d'escompte d'une transaction.
TAUX.ESCOMPTE.R	Renvoie le taux d'escompte rationnel d'un bon du trésor.
TAUX.INTERET	Affiche le taux d'intérêt d'un titre totalement investi.
TAUX.NOMINAL	Calcule le taux d'intérêt nominal à partir du taux effectif.
TRI	Calcule le taux de rentabilité interne d'un investissement, sans tenir compte des coûts de financement et des plus-values de réinvestissement.
TRIM	Calcule le taux de rentabilité interne pour les flux financiers positifs et négatifs financés à des taux différents.
TRI.PAIEMENTS	Calcule le taux de rentabilité interne d'un ensemble de paiements.
VA	Calcule la valeur actuelle d'un investissement.
VALEUR.ENCAISSEMENT	Renvoie la valeur d'encaissement d'un escompte commercial, pour une valeur nominale de 100 F.
VALEUR.NOMINALE	Renvoie la valeur nominale d'un effet de commerce.
VAN	Calcule la valeur actuelle nette d'un investissement basée sur des flux financiers non constants.

VAN.PAIEMENTS	Donne la valeur actuelle nette d'un ensemble de paiements.
VC	Calcule la valeur future d'un investissement.
VC.PAIEMENTS	Calcule la valeur future d'un investissement en appliquant une série de taux d'intérêt composites.
VDB	Calcule l'amortissement d'un bien pour une période partielle ou précisée en utilisant la méthode américaine Declining Balance.
VPM	Calcule le montant total de chaque remboursement périodique d'un investissement à remboursements et taux d'intérêt constants.

FONCTIONS DE DATE ET D'HEURE

ANNEE	Donne l'année correspondant à un numéro de série.
AUJOURDHUI	Donne le numéro de série de la date du jour.
DATE	Donne le numéro de série d'une date précisée.
DATEVAL	Convertit une date donnée sous forme de texte en numéro de série.
FIN.MOIS	Donne le numéro de série du dernier jour du mois situé dans un nombre précisé de mois dans le futur ou dans le passé.
FRACTION.ANNEE	Renvoie une fraction correspondant au nombre de jours séparant date_début de date_fin par rapport à une année complète.
HEURE	Convertit un numéro de série en heure.
JOUR	Donne le jour correspondant à un numéro de série.
JOURSEM	Donne le jour de la semaine correspondant à un numéro de série.
JOURS360	Calcule le nombre de jours entre deux dates sur la base d'une année de 360 jours.
MAINTENANT	Donne le numéro de série de la date et de l'heure en cours.
MINUTE	Donne les minutes correspondant à un numéro de série.
MOIS	Donne le mois correspondant à un numéro de série.
MOIS.DECALER	Renvoie le numéro de série de la date située dans un nombre précisé de mois dans le passé ou le futur par rapport à une date indiquée.

NB.JOURS.OUVRES	Renvoie le nombre de jours ouvrés compris entre deux dates.
SECONDE	Donne les secondes correspondant à un numéro de série.
SERIE.JOUR.OUVRE	Renvoie le numéro de série d'une date située un nombre de jours ouvrés avant ou après une date donnée.
TEMPS	Donne le numéro de série d'une heure précise.
TEMPSVAL	Convertit une heure donnée sous forme de texte en un numéro de série.

FONCTIONS DE RECHERCHE ET DE RÉFÉRENCE

ADRESSE	Donne la référence sous forme de texte d'une cellule unique dans une feuille de calcul.
CHOISIR	Choisit une valeur dans une liste de valeurs.
COLONNE	Donne le numéro de colonne d'une référence.
COLONNES	Donne le nombre de colonnes d'une référence.
DECALER	Donne une référence décalée par rapport à une référence donnée.
EQUIV	Recherche des valeurs dans une référence ou une matrice.
INDEX	Utilise des coordonnées pour trouver une valeur à l'intérieur d'un tableau.
INDIRECT	Donne une référence indiquée par une valeur de texte.
LIGNE	Donne le numéro de ligne d'une référence.
LIGNES	Donne le nombre de lignes d'une référence ou d'une matrice.
RECHERCHE	Recherche des valeurs dans un vecteur ou un tableau.
RECHERCHEH	Cherche dans la première ligne d'un tableau et se déplace verticalement pour renvoyer la valeur d'une cellule. Comporte maintenant un argument indiquant si la fonction doit rechercher une valeur exactement identique au critère ou proche.
RECHERCHEV	Cherche dans la première colonne d'un tableau et se déplace horizontalement pour renvoyer la valeur d'une cellule. Comporte maintenant un argument indiquant si la fonction doit rechercher une valeur exactement identique au critère ou proche.
TRANSPOSE	Donne la transposée d'un tableau.

ZONES	Donne le nombre de zones dans une référence.

FONCTIONS DE BASE DE DONNÉES

BDECARTYPE	Évalue l'écart-type à partir d'un échantillon de population représenté par les entrées de base de données sélectionnées.
BDECARTYPEP	Calcule l'écart-type à partir de la population entière représentée par les entrées de base de données sélectionnées.
BDLIRE	Extrait d'une base de données la fiche qui correspond aux critères précisés.
BDMAX	Donne la valeur la plus élevée des entrées sélectionnées dans la base de données.
BDMIN	Donne la valeur la moins élevée des entrées sélectionnées dans la base de données.
BDMOYENNE	Donne la moyenne des entrées sélectionnées dans la base de données.
BDNB	Détermine le nombre de cellules contenant des valeurs numériques satisfaisant les critères précisés pour la base de données précisée.
BDNBVAL	Détermine le nombre de cellules non vides satisfaisant les critères précisés pour la base de données précisée.
BDPRODUIT	Multiplie les valeurs satisfaisant les critères dans un champ particulier d'une base de données.
BDSOMME	Additionne les nombres se trouvant dans un champ d'enregistrements de la base de données s'ils répondent au critère voulu.
BDVAR	Évalue la variance à partir d'un échantillon de population représenté par des entrées de base de données sélectionnées.
BDVARP	Calcule la variance à partir de la population entière représentée par les entrées de base de données sélectionnées.
SOUS.TOTAL	Renvoie un sous-total dans une liste ou une base de données.
SQL.REQUEST	Établit une connexion avec une source de données externe et lance une requête à partir d'une feuille de calcul. Le résultat est alors renvoyé sous forme de tableau sans qu'il soit nécessaire de faire une programmation en langage macro.

FONCTIONS DE TEXTE

CAR	Renvoie le caractère précisé par le code numérique.
CHERCHE	Trouve une valeur de texte dans une autre valeur de texte (pas de distinction entre majuscules et minuscules).
CNUM	Convertit un argument sous forme de texte en nombre.
CODE	Donne le numéro de code du premier caractère du texte.
CONCATENER	Assemble plusieurs chaînes de caractères de façon à n'en former qu'une.
CTXT	Convertit un nombre en texte avec le nombre de décimales indiqué.
DROITE	Extrait les caractères à l'extrême droite d'une valeur de texte.
EPURAGE	Supprime tous les caractères de contrôle du texte.
EXACT	Vérifie si deux chaînes de texte sont identiques.
FRANC	Convertit un nombre en texte en utilisant le format monétaire.
GAUCHE	Extrait les caractères à l'extrême gauche d'une valeur de texte.
MAJUSCULE	Convertit un texte en majuscules.
MINUSCULE	Convertit un texte en minuscules.
NBCAR	Donne la longueur d'une chaîne de texte.
NOMPROPRE	Met en majuscule la première lettre de chaque mot dans un texte.
REMPLACER	Remplace des caractères dans un texte.
REPT	Répète un texte un certain nombre de fois.
STXT	Renvoie un nombre déterminé de caractères d'une chaîne de caractères à partir de l'endroit que vous indiquez.
SUBSTITUE	Remplace des caractères dans un texte.
SUPPRESPACE	Supprime les espaces d'un texte.
T	Renvoie le texte auquel la valeur réfère.
TEXTE	Convertit un nombre en texte.
TROUVE	Trouve une valeur de texte à l'intérieur d'une autre valeur de texte (distinction entre majuscules et minuscules).

FONCTIONS LOGIQUES

ET	Renvoie VRAI si tous les arguments sont vrais.
FAUX	Renvoie la valeur logique FAUX.
NON	Inverse la valeur logique de l'argument.
OU	Renvoie VRAI si un argument est vrai.
SI	Précise un test logique à effectuer.
VRAI	Renvoie la valeur logique VRAI.

FONCTIONS D'INFORMATIONS

CELLULE	Renvoie des renseignements sur le format, la position ou le contenu d'une cellule.
ESTERR	Renvoie VRAI si l'argument valeur fait référence à une valeur d'erreur, sauf #N/A.
EST.IMPAIR	Renvoie VRAI si le nombre est impair.
ESTERREUR	Renvoie VRAI si l'argument valeur fait référence à une valeur d'erreur.
ESTLOGIQUE	Renvoie VRAI si l'argument valeur fait référence à une valeur logique.
ESTNA	Renvoie VRAI si l'argument valeur fait référence à la valeur d'erreur #N/A.
ESTNONTEXTE	Renvoie VRAI si l'argument valeur fait référence à autre chose que du texte.
ESTNUM	Renvoie VRAI si l'argument valeur fait référence à un nombre.
EST.PAIR	Renvoie VRAI si le nombre est pair.
ESTREF	Renvoie VRAI si l'argument valeur est une référence.
ESTTEXTE	Renvoie VRAI si l'argument valeur fait référence à du texte.
ESTVIDE	Renvoie VRAI si l'argument valeur fait référence à une cellule vide.
INFO	Donne des informations sur l'environnement d'exploitation en cours.
NA	Renvoie la valeur d'erreur #N/A.
NB.VIDE	Compte le nombre de cellules vides à l'intérieur d'une plage.
N	Renvoie la valeur convertie en nombre.
TYPE.ERREUR	Donne un numéro qui correspond à un type d'erreur.
TYPE	Renvoie un nombre indiquant le type de données d'une valeur.

Annexe 2

RÉPONSES AUX EXERCICES ET AUX QUESTIONS DE RÉVISION

CHAPITRE 1

Exercice 1.1

	A	B	C	D	E	F	G
1	**Rotation des stocks**						
2	**Description**	**Valeur**	**Prix**	**Quantité**			
3	**du produit**	**au coûtant**	**de vente**	Minimale	En stock	À recevoir	À commander
4	Foyer modèle AF-31	1 250,00 $	1 750,00 $	3	6	2	-5
5	Foyer modèle AF-41	1 400,00 $	1 960,00 $	2	6	2	-6
6	Foyer modèle AF-51	1 900,00 $	2 660,00 $	7	2	2	3
7	Foyer modèle AF-61	4 950,00 $	6 930,00 $	1	0	0	1
8	Poêle à combustion BF-3000	300,00 $	420,00 $	8	10	0	-2
9	Poêle à combustion BF-3001	500,00 $	700,00 $	5	10	0	-5
10	Poêle à combustion BF-3002	1 000,00 $	1 400,00 $	1	10	0	-9
11	Accessoires pour foyer	35,00 $	49,00 $	10	15	5	-10
12	Bois d'allumage (sac 10kg)	5,00 $	7,00 $	25	50	15	-40
13							
14							
15	TOTAUX			62	109	26	

Questions de révision

	ICÔNE	FONCTION
A		Annuler une fonction
B		Dossier parent
C		Ouvrir un classeur
D		Coller
E		Copier les cellules
F		N'existe pas
G		Numéro de page
H		Nombre total de pages
I		Couleur du texte
J		Couleur de l'arrière-plan
K	Σ	Sommation automatique

CHAPITRE 2

Exercice 2.1

Cet exercice a été calculé à partir du 1er février 97 à 12 h.

Exercice 2.2

Cet exercice a été calculé à partir du 1er février 1997 à midi.

[Capture d'écran Microsoft Excel - Dates]

Barre de formule : K6 = =SI(F6<65;65-F6;"")

Bulle : =SI(ET(E4>0,25;E4<0,75);"Oui";"Non")

Bulle : =SI(F4<65;65-F4;"")

Nom	Prénom	DDN	Heure de naissance	Âge	Jour de naissance	Jours vécus	Heures vécues	Né le jour	Années avant la retraite
Bédard	Luc	33-06-12	23:03	63	2	23245	557868	Non	2
Caron	Daniel	58-12-09	08:38	38	3	13934	334419	Oui	27
Brosseau	David	95-06-23	10:00	1	6	589	14138	Oui	64
Champoux	Ernest	10-04-10	07:14	86	1	31709	761020	Oui	
Duchesne	Michel	66-06-23	00:16	30	5	11181	268355	Non	35
Lavallé	Yvon	45-08-23	18:12	51	5	18790	450953	Non	14
Lecavalier	Kevin	30-04-26	13:44	66	7	24388	585310	Oui	
Sirois	Gaston	72-04-09				9064	217540	Oui	41
Zenga	Henri	60-11-24				3218	317233	Oui	29

Exercice 2.3

Cet exercice a été calculé à partir du 2 avril 1996 à 23 h 05.

[Capture d'écran Microsoft Excel - Dates]

Barre de formule : E19

Bulle : =RECHERCHE(JOURSEM(D4);$J$15:$J$21;$K$15:$K$21)

Nom	Prénom	DDN	Heure de naissance	Âge	Jour de naissance	Jours vécus	Heures vécues	Né le jour	Années avant la retraite
Bédard	Luc	33-06-12	23:03	63	Lundi	23245	557868	Non	2
Caron	Daniel	58-12-09	08:38	38	Mardi	13934	334419	Oui	27
Brosseau	David	95-06-23	10:00	1	Vendredi	589	14138	Oui	64
Champoux	Ernest	10-04-10	07:14	86	Dimanche	31709	761020	Oui	
Duchesne	Michel	66-06-23	00:16	30	Jeudi	11181	268355	Non	35
Lavallé	Yvon	45-08-23	18:12	51	Jeudi	18790	450953	Non	14
Lecavalier	Kevin	30-04-26	13:44	66	Samedi	24388	585310	Oui	
Sirois	Gaston	72-04-09	07:11	24	Dimanche	9064	217540	Oui	41
Zenga	Henri	60-11-24	10:14	36	Jeudi	13218	317233	Oui	29

Correspondance des jours de semaine :

1	Dimanche
2	Lundi
3	Mardi
4	Mercredi
5	Jeudi
6	Vendredi
7	Samedi

Exercice 2.4

Cet exercice a été calculé à partir du 2 avril 1996 à 23 h 05.

=MAJUSCULE(GAUCHE(B4;3)&GAUCHE(C4;1)&J4)

Liste des participants

Nom	Prénom	DDN	Heure de naissance	Âge	Jour de naissance	Code de client	Jours vécus	Heures vécues	Né le jour	Années à la retra
Bédard	Luc	33-06-12	23:03	63	Lundi	BÉDL849564	35461	849564	Non	2
Caron	Daniel	58-12-09	08:38	38	Mardi	CARD850179	35461,6	850179	Oui	27
Brosseau	David	95-06-23	10:00	1	Vendredi	BROD851066	35461,6	851066	Oui	64
Champoux	Ernest	10-04-10	07:14	86	Dimanche	CHAE849028	35461,7	849028	Oui	
Duchesne	Michel	66-06-23	00:16	30	Jeudi	DUCM850379	35462	850379	Non	35
Lavallé	Yvon	45-08-23	18:12	51	Jeudi	LAVY849857	35461,2	849857	Non	14
Lecavalier	Kevin	30-04-26	13:44	66	Samedi	LECK849502	35461,4	849502	Oui	
Sirois	Gaston	72-04-09	07:11	24	Dimanche	SIRG850516	35461,7	850516	Oui	41
Zenga	Henri	60-11-24	10:14	36	Jeudi	ZENH850225	35461,6	850225	Oui	29

Correspondance des jours de semaine

1	Dimanche
2	Lundi
3	Mardi
4	Mercredi
5	Jeudi

Exercice 2.5

Microsoft Excel - Exer 2-5

Cell A661

	A	B	C	D	E	F	G	H
1	Montant de l'hypothèque	116 000,00 $						
2	Taux	8,75%						
3	# de paiement (25 ans * 2 sem)	650						
4								
5	Période #		Date	Capital	Intérêt	Paiement	Solde	
6	1		01-nov-99	(49,54 $)	(390,38 $)	(439,92 $)	115 950,46 $	
7	2		15-nov-99	(49,71 $)	(390,22 $)	(439,92 $)	115 900,75 $	
8	3		29-nov-99	(49,87 $)	(390,05 $)	(439,92 $)	115 850,88 $	
9	4		13-déc-99	(50,04 $)	(389,88 $)	(439,92 $)	115 800,84 $	
10	5		27-déc-99	(50,21 $)	(389,71 $)	(439,92 $)	115 750,63 $	
11	6		10-janv-00	(50,38 $)	(389,55 $)	(439,92 $)	115 700,25 $	
12	7		24-janv-00	(50,55 $)	(389,38 $)	(439,92 $)	115 649,70 $	
656								
657								
658	Nombre de paiements	650						
659	Intérêt moyen par période		(178,46 $)					
660	Coût total de l'emprunt				(285 950,84 $)			
661								

Microsoft Excel - Exer 2-5

Cell C654 = =PRINCPER($B$2/26,A654,$B$3,$B$1)

	A	B	C	D	E
1	Montar	116000			
2	Taux	0,0875			
3	# de pa	=25*26			
4					
5	Période	Date	Capital	Intérêt	Paiement	Solde
6	1	36465	=PRINCPER($B$2/26,A6,$B$3,$B$1)	=INTPER($B$2/26,A6,$B$3,$B$1)	=VPM($B$2/26,$B$3,$B$1)	=B1+C6
7	2	=B6+14	=PRINCPER($B$2/26,A7,$B$3,$B$1)	=INTPER($B$2/26,A7,$B$3,$B$1)	=VPM($B$2/26,$B$3,$B$1)	=F6+C7
8	3	=B7+14	=PRINCPER($B$2/26,A8,$B$3,$B$1)	=INTPER($B$2/26,A8,$B$3,$B$1)	=VPM($B$2/26,$B$3,$B$1)	=F7+C8
9	4	=B8+14	=PRINCPER($B$2/26,A9,$B$3,$B$1)	=INTPER($B$2/26,A9,$B$3,$B$1)	=VPM($B$2/26,$B$3,$B$1)	=F8+C9
10	5	=B9+14	=PRINCPER($B$2/26,A10,$B$3,$B$1)	=INTPER($B$2/26,A10,$B$3,$B$1)	=VPM($B$2/26,$B$3,$B$1)	=F9+C10
11	6	=B10+14	=PRINCPER($B$2/26,A11,$B$3,$B$1)	=INTPER($B$2/26,A11,$B$3,$B$1)	=VPM($B$2/26,$B$3,$B$1)	=F10+C11
12	7	=B11+14	=PRINCPER($B$2/26,A12,$B$3,$B$1)	=INTPER($B$2/26,A12,$B$3,$B$1)	=VPM($B$2/26,$B$3,$B$1)	=F11+C12
654	649	=B653+14	=PRINCPER($B$2/26,A654,$B$3,$B$1)	=INTPER($B$2/26,A654,$B$3,$B$1)	=VPM($B$2/26,$B$3,$B$1)	=F653+C654
655	650	=B654+14	=PRINCPER($B$2/26,A655,$B$3,$B$1)	=INTPER($B$2/26,A655,$B$3,$B$1)	=VPM($B$2/26,$B$3,$B$1)	=F654+C655
656					
657					
658	Nombr	=NBVAL(B6:B655)			
659	Intérêt		=MOYENNE(C6:C655)		
660	Coût to				=SOMME(E6:E655)

Exercice 2.6

TROUVEZ LA VALEUR DE	FORMULE UTILISÉE	RÉPONSE TROUVÉE
La valeur absolue de -34,88	=ABS(-34,88)	34,88
-34,88 arrondi à une décimale	=ARRONDI(-34,88;1)	-34,9
N'importe quel chiffre inférieur à 1 000	=ALEA()*1000	Dépend de ALEA()
La racine carrée de 377 364	=RACINE(377364)	614,2996
La valeur entière de -34,88	=ENT(-34,88)	-35
10 au cube	=10^3	1000
La date d'il y a 675 jours	=AUJOURDHUI()-675	Dépend de la date actuelle
La racine carrée de la valeur absolue de la valeur entière de -123,66	=RACINE(ABS(ENT(-123,66)))	11,1355
Le produit de 4 chiffres choisis au hasard arrondis à 3 décimales	=ARRONDI(PRODUIT (ALEA();ALEA();ALEA();ALEA());3)	Dépend de ALEA()
La valeur arrondie de la valeur absolue du paiement d'un prêt de 40 000 $ au taux annuel de 10 % pendant 10 ans	=ARRONDI(ABS(VPM(10%/ 12;10*12;40000));0)	529

Exercice 2.7

FORMULE UTILISÉE	RÉPONSE TROUVÉE
A) =RACINE((30^2)+(40^2))	50
B) =VPM(9,75%/12;25*12;-250000)	2 227,84 $ par mois
C) =VPM(10,25%/12;25*12;-160000)	1 482,21 $ par mois

	Immeuble B	Immeuble C
Revenus annuels	59 040,00 $	27 900,00 $
Hypothèque	26 734,08 $	17 786,52 $
Frais annuels	20 000,00 $	9 500,00 $
Profits annuels	12 305,92 $	613,48 $

D) =VC(8%/12;12*5;-450)	33 064,59 $

E) Pour résoudre ce problème, il faut calculer la portion payée en hypothèque pour chaque paiement et faire la somme de cette colonne.

La formule utilisée est INTPER(9%/12;x;25*12;-90000) où x est le numéro séquentiel de la période de paiement (1 à 300).

La réponse est 136 583,02 $, soit une fois et demie la valeur initiale!

Questions de révision

Association d'idées

FONCTIONS	DESCRIPTIONS
MEDIANE	Chiffre du milieu
ARRONDI	Pas de décimales
RACINE	Donne 5 si l'argument est 25
ALEA	0,0038398
RECHERCHEV	Données à la verticale
MAINTENANT	Fonction de date
HEURE	Fonction d'heure
MAJUSCULE	Conversion de texte
VPM	Hypothèque
SI	Condition

Vrai ou Faux?

__Vrai__ La fonction **DATE()** permet de calculer le nombre de jours qu'il y a entre deux dates.

__Faux__ **=ARRONDI(RACINE(ALEA());3)** permet d'arrondir la racine carrée d'un nombre choisi au hasard entre 1 et 100.

__Faux__ La condition **ET(A3>A5;FAUX())** donne VRAI lorsque le contenu de A3 est plus grand que celui de A5, sinon, il indique FAUX.

__Vrai__ La fonction **SI()** permet de vérifier si une cellule est vide.

CHAPITRE 5

Questions de révision

a. Oui.

b. Par la couleur des onglets: plus d'un onglet en blanc indique un groupe. Par la mention [**Groupe de travail**] dans la barre de titre d'Excel.

c. Deux.

d. Il faut tenir la touche *Maj* (*Shift*) enfoncée et cliquer une fois sur l'onglet **Ligue des as**.

e. Cliquer sur l'onglet d'une feuille ne faisant pas partie du groupe.

ou

Maintenir la touche *Maj* (*Shift*) enfoncée et cliquer une fois sur le premier onglet.

ou

Pointer sur un des onglets du groupe, puis à l'aide du menu contextuel, sélectionner l'option **Dissocier** le groupe.

f. =SOMME('Ligue des pimpons:Ligue des as'!C3:C12).

g. =MOYENNE('Ligue des pimpons'!D7;'Ligue des bimbos'!D8;'Ligue des titis'!D4;'Ligue des as'!D5).

CHAPITRE 6

Tableau de l'exercice 6.3

Ville	Distance	Nombre de semaines	Occupation	Facteur de prix	Coût avion	Coût hôtel	Coût repas	Total	Profit
Bagdad	7 600	1	1	7,0	2 280 $	1 260 $	735 $	4 275 $	898 $
Bagdad	7 600	2	1	7,0	2 280 $	2 730 $	1 470 $	6 480 $	1 361 $
Bagdad	7 600	3	1	7,0	2 280 $	4 200 $	2 205 $	8 685 $	1 824 $
Bagdad	7 600	4	1	7,0	2 280 $	5 670 $	2 940 $	10 890 $	2 287 $
Bagdad	7 600	1	2	7,0	4 560 $	2 520 $	1 470 $	8 550 $	1 796 $
Bagdad	7 600	2	2	7,0	4 560 $	5 460 $	2 940 $	12 960 $	2 722 $
Bagdad	7 600	3	2	7,0	4 560 $	8 400 $	4 410 $	17 370 $	3 648 $
Bagdad	7 600	4	2	7,0	4 560 $	11 340 $	5 880 $	21 780 $	4 574 $
Bagdad	7 600	1	4	7,0	9 120 $	5 040 $	2 940 $	17 100 $	3 591 $
Bagdad	7 600	2	4	7,0	9 120 $	10 920 $	5 880 $	25 920 $	5 443 $
Bagdad	7 600	3	4	7,0	9 120 $	16 800 $	8 820 $	34 740 $	7 295 $
Bagdad	7 600	4	4	7,0	9 120 $	22 680 $	11 760 $	43 560 $	9 148 $
Bangkok	8 400	1	1	1,6	2 520 $	288 $	168 $	2 976 $	625 $
Bangkok	8 400	2	1	1,6	2 520 $	624 $	336 $	3 480 $	731 $
Bangkok	8 400	3	1	1,6	2 520 $	960 $	504 $	3 984 $	837 $
Bangkok	8 400	4	1	1,6	2 520 $	1 296 $	672 $	4 488 $	942 $
Bangkok	8 400	1	2	1,6	5 040 $	576 $	336 $	5 952 $	1 250 $
Bangkok	8 400	2	2	1,6	5 040 $	1 248 $	672 $	6 960 $	1 462 $
Bangkok	8 400	3	2	1,6	5 040 $	1 920 $	1 008 $	7 968 $	1 673 $
Bangkok	8 400	4	2	1,6	5 040 $	2 592 $	1 344 $	8 976 $	1 885 $
Tokyo	7 200	2	4	5,6	8 640 $	8 736 $	4 704 $	22 080 $	4 637 $
Tokyo	7 200	3	4	5,6	8 640 $	13 440 $	7 056 $	29 136 $	6 119 $
Tokyo	7 200	4	4	5,6	8 640 $	18 144 $	9 408 $	36 192 $	7 600 $
Vancouver	3 000	1	1	1,0	900 $	180 $	105 $	1 185 $	249 $
Vancouver	3 000	2	1	1,0	900 $	390 $	210 $	1 500 $	315 $
Vancouver	3 000	3	1	1,0	900 $	600 $	315 $	1 815 $	381 $
Vancouver	3 000	4	1	1,0	900 $	810 $	420 $	2 130 $	447 $
Vancouver	3 000	1	2	1,0	1 800 $	360 $	210 $	2 370 $	498 $
Vancouver	3 000	2	2	1,0	1 800 $	780 $	420 $	3 000 $	630 $
Vancouver	3 000	3	2	1,0	1 800 $	1 200 $	630 $	3 630 $	762 $
Vancouver	3 000	4	2	1,0	1 800 $	1 620 $	840 $	4 260 $	895 $
Vancouver	3 000	1	4	1,0	3 600 $	720 $	420 $	4 740 $	995 $
Vancouver	3 000	2	4	1,0	3 600 $	1 560 $	840 $	6 000 $	1 260 $
Vancouver	3 000	3	4	1,0	3 600 $	2 400 $	1 260 $	7 260 $	1 525 $
Vancouver	3 000	4	4	1,0	3 600 $	3 240 $	1 680 $	8 520 $	1 789 $

Questions de révision

a. Fiche ou enregistrement

C'est l'ensemble de toutes les informations portant sur le même élément de la base de données. Correspond habituellement aux lignes.

b. Champ

Type de données qui se trouvent dans la base de données. Correspond habituellement aux colonnes.

c. Zone de données (ou base de données)

Ensemble de tous les champs et de tous les enregistrements constituant une banque d'information. La zone de données est l'endroit où se trouvent ces données.

d. Filtre

Fonction qui permet de n'afficher que les enregistrements qui correspondent à un certain critère.

e. Grille

Fonction qui permet de saisir des données dans une base de données et d'en faire la recherche de façon plus simple.

CHAPITRE 7

Questions de révisison

1. - En appuyant sur *Ctrl* et une lettre

    - Par le menu **Outil** - **Macro** - **Exécuter**

    - En l'associant à un bouton de la barre d'outils

    - En l'associant à un dessin de la feuille

2. - En mémorisant les fonctions

    - En programmant les fonctions

3. a.   Feuille macro   Module
    b.   *Ctrl-e*   Démarrer
    c.   Barre de dessin   Macro associée à un objet
    d.   Classeur personnalisé   Macro commune à plusieurs feuilles
    e.   Pas à pas   Programmation
    f.   XLOUVRIR   Ouvrir automatiquement

INDEX

NOTES

NOTES

NOTES

IMPRIMÉ AU CANADA